養心太極
癒百病

國際太極拳教練　李章智　著

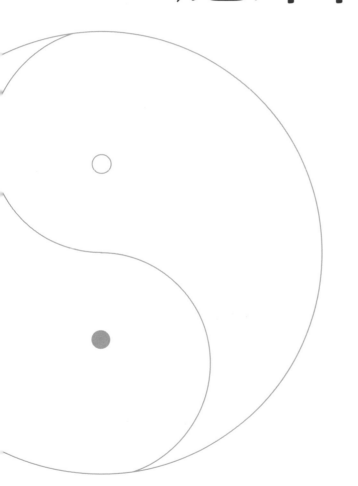

養氣、鬆體、靜心、醒腦，
每天 10 分鐘實用太極，
回到身心合一的自己。

suncolor
三采文化

U0028262

太極拳，
打通身心的任督二脈

　　近二十年來，隨著醫學界逐漸證實練太極拳對於健康的助益，如預防心臟病、治療關節炎、舒緩肩頸腰背的痠痛等慢性疾病，以及減壓、抗老等功能，全球就刮起了一股學習太極拳的風潮，連歐美國家的年輕族群都紛紛投入。

　　2002 年 7 月，太極拳被美國《時代》雜誌盛讚為「完美運動」；2017 年 2 月，CNN 報導：「太極拳是美國最受歡迎度的減壓方式之一」。據統計，全世界從事太極拳運動的人口，已達到一億多人次。這被當代稱作「下一個瑜伽」的全球運動，究竟擁有什麼魅力？

　　練習太極拳，除了能達到一般運動的成效，增加心肺功能、肌耐力與柔軟度之外，美國《臨床精神醫學期刊》的研究指出，它還能「養心」——減緩憂鬱。這對生活在「過勞死」、「厭世代」高壓氛圍的現代人而言，無疑是一門人人有心皆可習得的解藥。

　　眾所皆知，如果身心長期承載了超負荷的壓力，就會過度耗盡元氣，導致身體百病叢生，甚至被求醫也不得解的身心症終日纏身。

　　在練習太極拳的過程中，我們可透過最簡單而不費力的「呼吸」，來「養氣」，疏通氣滯血淤，以及進行「五態排毒」（固態、液態、

氣態、心靈和能量排毒），達到修復、還原到「致中和」的健康狀態。還能提升自我覺察內在的能力，靜觀內在身心與外在環境的能量交流、互動，進而從消耗能量的表意識狀態進入修補與提升能量的潛意識狀態，在內外相合的綜效下，活化身體機能，自然而然的療癒百病，猶如打通身心的任督二脈。

不過，對於忙碌的現代人而言，在有限的時間與空間下，確實難以完整地練習 108 式、42 式、甚至 24 式的傳統太極拳套路，因此我以簡單易學的原則，針對最常見的身心問題，設計 20 種招式，每天只須花 10 分鐘，就能在對症練習的過程中，逐步達到「養氣、鬆體、靜心、醒腦」的成效。

為了讓大眾更有系統地學習，我也將一般人常聽到，但一知半解的太極拳知識，如「勢」、「步」、「招式」、「套路」，以元件的概念，一一解構；並且對於入門者該如何選擇最適合自己的太極拳，以實例說明。目的就是為了帶領讀者跨越往日心中認為「太極拳好像很難學」的學習門檻。當了解得越清楚，便不再心生罣礙，進而有心學習。

臨床上，許多太極拳入門者，僅僅練習數週，便能感受到身心的正向改變。親自練習書中的實用太極招式，你也能感受到學太極拳就是如此的自然與簡單，招式不必繁雜，有效才是王道，這就是太極拳「大道至簡」的真義。

CONTENTS

第一章

千年太極，
席捲全球的心靈革命

太極拳最大的特色在「鬆」、「緩」、「圓」、「柔」的動作，長期練習可使呼吸「細」、「勻」、「深」、「長」，增加血液含氧量，提高體內新陳代謝率，更能透過身體、心靈的轉化，以身入心，感受宇宙自然的天人合一。

太極拳，
流傳千年的養生智慧

世界萬物皆有兩極，人是大自然的一部分，如果遵循宇宙的規律，自然是一帆風順，健康無比。

什麼是「太極拳」？

《黃帝內經》中提到：「生之本，本於陰陽」，《太極拳經》也談到：「太極者，無極而生，陰陽之母」，象徵陰陽相生的思想，不只自古相傳，更詮釋了中國傳統的宇宙觀與生命觀──世界萬物皆有兩極，而這兩者間的關係是密切結合、相互消長，彼此生生不息的。

在浩瀚的宇宙萬物下，更存在著我們所熟知的各種陰陽對比關係，例如：大自然中的「天地」、「晴雨」、「晝夜」，以及用來描述動作型態的「動靜」、「剛柔」、「進退」；將此陰陽，再對應至人，在身心相對下，「身」為陽，「心」為陰；「體表」為陽，「臟腑」為陰；「氣」為陽，「血」為陰（請見右圖1）……因此人生有形，不離陰陽。

陰陽循環的太極力量，既像浩瀚的宇宙星雲，更像是我們每個人體內的小宇宙，因此了解太極的生成，就能領悟生命的本源。太極拳依循太極的理論創立，因此參悟太極拳的拳理要點，便能轉化人與自然，身與心的能量，掌握身心靈的回歸平衡之道。

2017年的諾貝爾生理醫學獎，頒給找出「生物生理時鐘的關鍵基因」的科學家，研究中所提出的《晝夜節律的分子機制》，其實就在闡述「日出而作，日落而息」之於人體的健康規律，更體現了太極「陽動陰靜」與「人法地，地法天，天法道，道法自然」的哲理。

太極拳，是基於天地間的陰陽哲理所演變出來的拳法，因此透過太極拳來調整人體的陰陽規律，自然對內能調和氣血，對外能強身健體，進而形神合一，達到全人的健康狀態。

了解太極拳的原理後，我們再來進一步了解太極拳的種類、招式與功效，為自己的健康再加分。

圖1／人體的陰陽組織結構

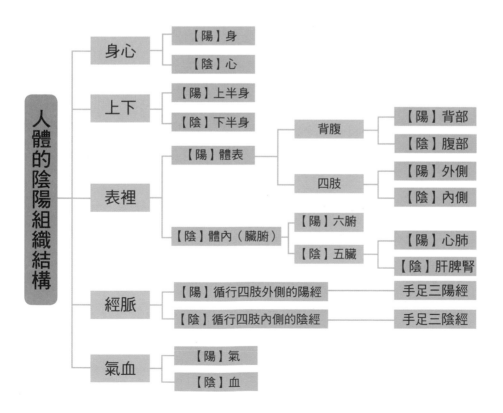

找到最符合
自己需求的太極拳

了解太極拳的五大特性、特點和拳法結構，快速找到最適合
自己的入門之選，更利於學習。

　　許多人都知道練太極拳對身體的健康有很大好處，等到自己真的
去學習的時候，卻宛如進入一片浩瀚的森林中，腦中一片迷惘。

　　因為太極拳的歷史悠久，種類眾多，有楊式太極、陳式太極、吳
式太極、孫式太極……等。單單楊式太極拳，又區分為24式、37式、
64式、108式……等各式各樣不同的套路，而老師教學時，有的以套
路為主，也有專攻推手或競賽套路的老師，對於想要學習太極拳的人
而言，無異是一大挑戰，不知從何選起。

　　因此練習太極拳前，需要先做一些功課，以便找到符合自己需求
的太極運動。

為什麼想學太極拳？

　　太極入門前，首要的功課就是先了解自己的需求及目的——為何
而學？入門者可先從太極拳五大類型的優缺特性中，找到最符合需求
的類型與老師（請見圖2）。

圖2／太極拳的五大類型

太極拳類型	優點及特性	缺點	驗證方式
競賽型	招式大，動作優美，體適能的訓練強度高。有得名的機會與鼓勵。	不注重技擊與養生功效。高強度的體適能訓練，容易受傷。	競賽
技擊型	注重勁力訓練及踢打、擒拿、摔點技能，防身功能高。	屬於高強度且對抗性的練習，容易受傷。	比試
養生型	注重動作、呼吸、意念的一致，以及提升身體修復力與機能。	參加競賽，不易得名。防身、技擊的技巧不足。	體檢
哲學型	使用結合易經、八卦等哲學思維的動作招式或套路。著重學理，言之有物。	容易因為學理而曲解用法或原意，造成似是而非的誤解。	學理
意境型	與信仰結合，注重冥想與心境的體會。能安定心靈，增加六感靈敏度。	若心性不定，容易在現實與虛幻間，迷失自我。	自我

　　一般而言，各門各派的太極拳中，都含有這五大類型的特質，只是依老師的專長和教法，比例有所不同。在解說這五大類的特性前，我先分享學員在選擇太極拳時遇到的實例。

　　有位約60歲的學生，他聽說練習太極拳對於身體健康很有幫助，因此想要學太極拳來健身。於是，他上網找了「競賽型太極拳」的教學影片來自學。學習時，無論動作、角度，都參照影片中的教學姿勢，並且每天很認真的練習二小時。結果一週後，他膝蓋因而受傷就醫，還需要休息一個月以上。

提到這個案例，是希望大家能夠明白，雖然太極拳是一個全方位的運動，但個人的學習與吸收可能是片面的，也沒有一套拳法學了便是萬能的，重點是先針對自己的需求下手，並選擇合適的老師，才能有效達到目標。

　　以同樣一套「42式太極拳」為例來說明，學習時我們若側重不同需求，就會發揮不同的效果。

　　如果你想在太極拳競賽中獲得名次，可以跟著經常帶隊參與競賽的教練學習「42式太極拳」。例如，請老師強化自己擺腿與蹬腿的高度、穩定度，以及行拳時的流暢感，這就是「競賽型太極拳」的要點。參賽時，在動作上表現得超越群倫，便容易得名，

　　如果你想了解太極的技擊技能和如何使勁，就需要向有教學技擊經驗的老師學習。例如，從「42式太極拳」中，抽出單招「雲手」，與同伴做「抱摔」的技擊練習，就是屬於「技擊型太極拳」。但學習技擊，應先考慮個人的身體狀況，體弱者並不宜。

　　如果你想健體強身，無論練習「42式太極拳」，或一般在公園常見團練的太極拳，都具有「養生型太極拳」的功效。只要掌握「體鬆、息柔、心靜」的基礎原則，便可以每日自我練習，達到增強自身免疫力的功效。若想要更深入的學習，可找尋對中醫經絡與運動學理具足的老師學習。例如，「下勢」的動作，可以伸展足三陰經與腿部縫匠肌等內側肌群，與改善泌尿系統的問題，調整因肌肉痙攣引起的膝關節毛病。

　　如果你想了解太極拳背後的哲理，可向精通五行、八卦與易經等哲學的太極拳老師學習。例如，將「42式太極拳」的招式，以易經哲理分析，即是「哲學型太極拳」。

如果你比較著重於個人覺察、心靈成長，可尋求具有心理、氣功專業認證的師資學習，才不會在學習過程中迷失自我，流於怪力亂神。例如，練習42式太極拳中的「白鶴亮翅」時，會讓人感覺清氣上揚、濁氣下降，氣灌天地，這就是「意境型太極拳」。

希望這樣詳細的說明，有助讀者根據個人特質，找到符合自己需求的太極拳類型與師資。

了解太極拳的基礎結構

不論是剛柔相濟的陳式太極，或是帶有鬆柔禪韻的楊式太極，還是打拳時看起來招招光彩奪目的競賽型太極拳，都有易於上手的好訣竅——了解太極拳的基礎結構。建立基本的認知，可幫助我們突破派別或招式的迷惑，依照現階段自己或因應未來的學習需求，建立一套學習太極拳時的準則。

太極拳或其他武術的基本結構（請見15頁圖3），其拳法結構都是先從基本的「勢」開始，然後依序為「步法」、「招式」與「套路」。

簡單的說，「勢」，是指靜止不動、基本的姿勢，如騎馬勢、弓箭勢等，也就是一般說的樁步、站樁。練習「勢」，可促進全身氣血運行，長期下來，可獲得全面調理身心的極佳功效，同時可以增強氣力與完善全身協調性。

「步」，是指「勢」之間的位移變化，如原本採騎馬勢，經身體位移後，可變成弓箭勢，形成「弓箭步」。移動步法時，姿態要盡量沉穩、輕緩。如此一來，在移動過程中，才能保持身體的平衡，讓身心安穩、精氣流暢。

「招式」，則是「勢」、「步法」再加上一些「手法」的組合，如蘊含太極拳精髓的「掤、捋、擠、按」手法，加「弓箭步」組合而成「攬雀尾」。不同的太極招式，可以活化身體內外部位，產生不同的保健或是技擊功效。

　　「套路」，則是將多種「招式」串聯起來的一套拳譜，可作為有助提升各種身體機能的全套運動。例如：楊式太極 108 式。

　　套路對入門者而言，較難一開始完整掌握，這也是多數人覺得太極拳看似難學之故；其實若能循序漸進地熟悉「勢」、「步法」、「招式」的動作，待動作純熟了，自然能領會套路的精妙。

　　知道這些結構元件後，對學習太極拳有很大的好處。除了可避免因急於求成造成的運動傷害之外，還可以提升練習時的功效。

　　這就是練習太極拳時，需要先練站樁（如蹲馬步），或從單招學起的主因。練習「勢」的動作，可以強化肌耐力和手腳協調性、平衡感，讓太極拳打起來優美自在。經常練習本書各招式中的「勢」，除了調理身體機能外，也可為學習太極拳之路打下扎實的基礎。

　　想要學好太極拳，自己可再依其他條件做修正，如教學老師的拳法風格，或是教學方式；此外，學習的時間與地點的便利性等，將會影響學習效果，這都是考量的因素。最重要的是，自己願意花多少的時間去學習，為一生的身體健康投入多少的努力。

　　當有了明確的目標與有利練習的條件，便能長期的學習太極拳。從打太極拳的過程中，逐漸的體悟到養心、養身，進而享受太極拳帶來的寧靜與舒暢。

圖3／太極拳結構

勢
- 【定義】基本姿勢
- 【關鍵】訓練身體結構與氣血循環
- 【舉例】騎馬勢

步法
- 【定義】「勢」之間的變化
- 【關鍵】身體移動過程須穩定與平衡
- 【舉例】「騎馬勢」經位移變「弓箭步」

招式
- 【定義】「勢」加「步」，再加一些「手法」
- 【關鍵】拆解招式的組合，才能徹底了解套路
- 【舉例】攬雀尾

套路
- 【定義】結合多種招式，即為完整的套路
- 【關鍵】有助提升各種不同身體機能的運動
- 【舉例】楊式太極108式

用意不用力，
鬆開全身筋膜遠離痠痛

「骨正筋柔，氣血以流」，利用太極鬆柔的動作，舒緩壓力導致的肌筋膜緊繃，就能自力解除痠痛源頭。

　　太極拳動作的最大特色之一，就是「鬆柔圓緩」。太極拳的「鬆」，並非毫不用力，而是懂得運用合適的力度與正確的肌群。比如當你將手舉起來時，並不需要刻意聳肩，因為這樣反而會造成背部斜方肌收縮與緊繃。若長期下來未能適度放鬆，容易讓全身肌筋膜的張力備受壓迫與失衡，造成最常見的「痠痛」。

鬆緊相合的動作，促進肌肉、筋膜回歸平衡

　　太極拳運動的肌肉伸展，結合了「逢動必旋，逢旋必轉」的陰陽相生觀念，並運用鬆緊相合、剛柔相濟的動作要領。一方面，可修復我們因長期姿勢不良而歪斜的脊椎、骨架。另一方面，透過肌肉的放鬆與伸展，以緩和的方式，促進肌肉與筋膜的張力回歸平衡，有助消除痠痛。

　　此外，在肌肉伸展時，也會同時舒展到該部位的關節囊，促進關節囊液的新陳代謝，並且活化該處附著的骨骼，讓骨骼內外的結構組織，變得更細密、更強韌，促進骨骼生長，進而變粗、變壯。

練習太極拳時，一些維持靜止姿勢的要領如：虛靈頂勁、沉肩墜肘（請見圖4），也能加強肌肉的彈性，預防肌肉拉傷。同時促進氣血的循環，保持血管良好的彈性，以及強化淋巴、關節液等其他體液的循環，活化全身組織，即所謂的「形正則氣順」。

　　如同《黃帝內經》中提到的保健之道：「骨正筋柔，氣血以流，腠理以密，如是則骨氣以精，謹道如法，長有天命。」

圖4／太極拳的靜止姿勢

▲虛靈頂勁　　　　　　　　　　　▲沉肩墜肘

掌握太極拳呼吸要領，「細、勻、深、長」

太極拳本是一項有氧運動，若能在練拳時配合呼吸脈動，氣行全身，就是最簡單、最有效的修身養心之方。

太極拳是博採眾家精華，結合太極陰陽之理，參考中醫經絡，以及道家導引、吐納之養生術創編而成，本身就是一套調息養氣的功法。太極調息養氣的呼吸要領是「細、勻、深、長」，如果能掌握這四個關鍵，在練拳時，配合呼吸脈動，氣行全身，就是最簡單、最有成效的修身養心之方。

太極呼吸要領❶──「細」：呼吸徐緩

「細」，意謂：呼吸徐緩。徐緩的呼吸可有效延長呼吸時間，進而慢慢抑制自律神經中興奮的交感神經，同時強化副交感神經的功能，使得血壓下降，舒緩原本緊繃的肌肉，促進身心放鬆，預防恐慌與焦慮。

太極呼吸要領❷──「勻」：呼吸有節

「勻」，表示呼吸要有規律及節奏。練太極拳時，會利用意念來引導腹式呼吸，當體內的各個臟腑，受到有規律與節奏的呼吸起伏刺

激，神經會將身體自我調節的信號傳至腦部，讓大腦處於 α 波狀態，使得身心協調，心神統一。

太極呼吸要領❸──「深」：深度呼吸

「深」，是指用橫膈膜呼吸，即採用腹式順呼吸。採用腹式順呼吸，可使膈肌（胸腔與腹腔之間的肌肉）的延展範圍多增加4厘米。這可使肺泡充分擴張，讓氧氣在肺部完成高效率的氣體交換。平時，我們大多自然呼吸，呼吸較淺，膈膜的延展範圍小，氣體多在無效腔中進行，導致每次的呼吸作用並不徹底；但透過橫隔膜呼吸，可以達成高效率的呼吸作用。此外，橫膈膜呼吸法，可以穩定脊椎支撐力，按摩內臟，讓腹腔血液流通順暢，將體內毒素加速排除體外。

太極呼吸要領❹──「長」：氣養身心

「長」，是指氣能在體內停留較久。練太極時，希望吸氣時至少能停留5秒以上，以便讓身體獲得充分的含氧量。因此，練太極拳的人，每次換氣量較大，而且一次呼吸的最大攝氧量比起很少運動的人遠遠高出20%，呼吸頻率也較低。

以上為太極拳的呼吸要領，但初練太極時，呼吸以順其自然即可，不用刻意配合動作，或勉強自己一定要達到建議的呼吸次數或時間，否則容易出現憋氣、胸悶情況，甚至引發心律不整等問題，反而適得其反。我們只要待動作熟練之後，再順勢帶入呼吸，一切以身心舒適為上，自然能體悟到呼吸與動靜之間的美妙。

五態排毒，淨化全身心

太極拳能「扶正去邪」，勤練可將累積在身心已久的固態、液態、氣態、能量、心靈毒素，全面排出體外。

現代的環境中充斥著許多汙染來源，空氣中有PM2.5、戴奧辛、二氧化硫等汙染；水源裡有養殖廠、醫藥或工廠廢棄物的污染；食物可能受到重金屬、農藥與抗生素的汙染；就連我們上班用的電腦、電視、手機都存在著輻射及電磁波。以上這些都是外在的「毒」，會對人體造成危害。

但生活中的「毒」，不只這些外來物質。人體自身新陳代謝後所產生的廢物，如酮酸、二氧化碳、自由基也是另一種毒素。

除此之外，還有無形的能量磁場之「毒」，如醫院中的病氣，殯儀館的喪氣，或是市場中的濁氣等；而個人在負面情緒下產生的「毒」，如怨恨、憤怒、恐懼等，也會導致身體分泌有害的物質，進而傷害健康，在無形層面殘害心靈。

太極拳本身就有「扶正祛邪」的功能，我們可將五態的身心毒源（請見右圖5），透過每天練習太極拳，逐步排出體外，淨化身心。

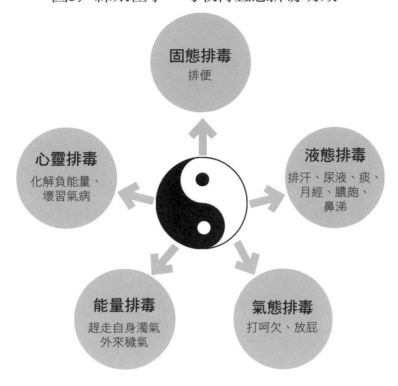

圖5／練太極拳，可收得五態排毒功效

固態排毒
排便

液態排毒
排汗、尿液、痰、
月經、膿皰、
鼻涕

心靈排毒
化解負能量、
壞習氣病

能量排毒
趕走自身濁氣
外來穢氣

氣態排毒
打呵欠、放屁

❶固態排毒

　　毒素的固態形式，指的是「大便」。練習太極拳，可促使腸道蠕動，排便順暢，避免宿便、改善便祕，避免毒素產生與再吸收。

❷液態排毒

　　毒素的液態形式，指的是「汗」、「尿液」，女性會再多一個「月經」。此外，在練拳過程中，出現「流鼻涕」、「流眼淚」、「咳痰」，或是皮膚出現「膿皰」的現象，皆屬液態排毒。練太極拳，可增加血液、淋巴與體液的循環，進而使廢棄物透過汗與尿液排出體外。

❸氣態排毒

毒素的氣態形式，指的是「廢氣」。深度的呼吸，能將體內的廢氣排出體外，此外「打嗝」、「打哈欠」或「放屁」，皆是練太極時，常見到的「氣態排毒」。

❹能量排毒

能量，即為體內的「內氣」。當我們身體健壯時，自然能排除不好的能量，或經由練太極拳排除自身的「濁氣」與外來的「穢氣」。身體較虛或體質敏感的人，有時去醫院探病，或出席喪事，會出現莫名的發燒與不適。透過練習太極拳，可以增加元氣，為我們抵抗與排除負面能量。

❺心靈排毒

心靈排毒，是指以寬恕、懺悔、慈愛等正面情緒，化解憤恨、自卑、慳吝等壞習氣。練太極拳，能使腦部產生腦內啡與 α 波，讓心靈感到愉快、平靜、正向，自然排除負面情緒所帶來的負能量。

實際上，人體本身就有自我排毒的功能。經過太極拳的鍛鍊後，我們不只能擁有健康的身體，還容易保有良好的「氣場」；常懷樂觀開朗的心情，自我靈性也將隨之昇華。如果在練拳階段中，搭配健康、高能量的飲食，與維持規律的生活習慣，則可達到事半功倍的排毒、健身效果。

排毒，不過在治標袪邪，讓身心內外健壯，才是長久的扶正治本之道。

練太極拳前的注意事項

YouTube

Point 1 選擇空氣流通、採光佳的場所

練習場地以寬敞寧靜、空氣清新的環境為佳,但是要能避風、避寒。就練習時間而言,白天練習會比晚上更適合。方可在練功、將身心靈淨空之餘,更能帶進正能量。

Point 2 在身心舒適狀況下,穿著合適的服裝

不要在過餓或太飽的狀況下練功,以避免血糖的波動或腸胃的不適,影響練習的舒服感與效果。練功時,一定要穿著寬鬆舒服的衣服與鞋子,提升舒適度,以避免運動傷害或氣血循環受阻。

Point 3 依照身心狀況調整動作,對於高難度動作不要強求

每個人的身心狀態隨時都不同,須靈活調整,才能提升效果。例如,高血壓的人應避免做低頭的動作;若為孕婦或當天身體非常疲憊,練習的動作就要放柔、放慢,避免激烈的運動;老年人對於高難度動作更不要過度強求,以身心舒適、氣通體暢為要。

Point 4 先熟記動作,再配合呼吸與意念觀想

先熟記動作,再進一步配合呼吸與意念觀想,練習時才不會手忙腳亂。動作熟練後,自然能讓呼吸與意念跟上動作,調整身體的速度和節奏,讓身心安頓,享受運動帶來的喜悅。

第二章

實練「養心太極十式」，心神合一，身心自在

練太極時，動作是「動態」，
但內心是「平靜」的，
當外在動作「靜止」時，
內在的氣卻是不停的「轉動」，
一動一靜間，降伏不安與雜念的心。

以息調心，
降伏不安及雜念

太極拳特別著重於「身」、「呼吸」與「心」之間的關係，
只要呼吸型態一改變，身心狀態自然就會跟著改變。

中國拳術分為內家拳和外家拳。外家拳強調的是肌力，內家拳注
重的是內勁，而太極拳為身心兼修的內家拳。前文曾提到，太極拳，
是以太極思想為主軸，所具體展現出來的一個能養生、健身、防身的
運動，其中蘊含著「動靜交相養，陰陽得其平」的養生哲學，也體現
在太極拳的動作上。在練習時，動作是「動」的，但是內心卻是平
「靜」的；當外在動作「靜」止時，內在的氣卻是不停的轉「動」
著，展現了陰陽虛實、既對立又相容的精神。

此外，太極拳特別著重於「身」、「呼吸」與「心」之間的關
係，在中國清代的《太乙金華宗旨》中就曾談到：「息者自心也。自
心為息，心一動，而即有氣，氣本心之化也。」表示古人很早就體會
到，只要呼吸型態一改變，身心狀態自然就會跟著改變。

練習太極拳時，我們可以利用觀察呼吸的方式，去強化對自身思
緒的體察。例如，一開始可先感受吸氣時空氣進入鼻腔與氣管的感
覺，從而感受身體細膩的變化，再到關注思想的起伏，以「完全的被
動觀察」，降伏不安的心情及紛擾的雜念，這就是由「以息調心」的
法門進入養心與安心的境界。

除了「以息調心」，練太極拳更強調「專注當下」與「以身調心」。當我們在演練過程中，專注於每個舒鬆、輕勻、圓活的動作之上，等於讓紛雜的思緒有了放空的機會，對所有揣在心中的焦慮、不安、執念放手。

　　隨著動作的往復循環，同時帶領著身心回到合一的韻律。當心靜下來了，原本高度緊繃的精神也隨之放鬆，等於替那些可能因緊張而誘發的心理疾病，打了一劑預防針。當原本低氣壓的心理狀態重新躍升，原本看事情的視野也有了更寬廣的可能，有利於消除人事上的煩惱與衝突。

　　當我們逐漸熟悉太極拳的每一個動作之後，更能在練習時體悟到，每一次的練習，都不再限於單一的運動，而是自我淨化、重整甚至提升自我的過程。

　　畢竟，在充斥著種種壓力的生活中，難免會身處逆境。面對隨之而來的壓力、焦躁、負面情緒，我們或許無法每次都能良好的自我調節，但練習太極拳，可提升精神層面的「恢復力」，讓自己遇事更能泰然處之、隨緣而不苛求，重新將調節身心的能力拿回自己手裡。

　　接下來，我會帶著大家學習十式現代人最需要的「養心太極」，讓你可以掌握調節身心、徹底紓壓的關鍵。

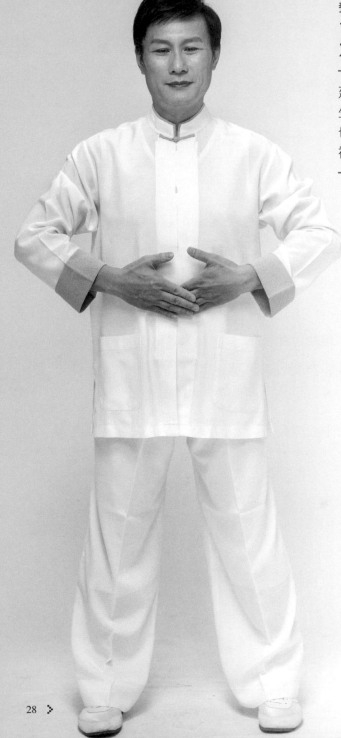

改　善　失　眠

養心太極 ❶

延年九轉功

延年九轉功是以臟腑按摩為主的養
生功法，除了有助於消化與吸收，
也有益於調整全身的內分泌與安定
神經系統，讓你一夜好眠。

根據臺灣睡眠醫學學會最新的調查，臺灣人失眠的盛行率高達20.2%，表示全臺失眠人口超過400萬人。睡眠品質不佳，不只會令人精神不濟，近年有越來越多的研究顯示，睡眠障礙可能是導致失智症的危險因子之一。

睡眠如同一種腦部排毒的機制。在我們睡眠時，腦部的膠細胞，會將可能引起失智症與其他神經退化性疾病的「乙型類澱粉蛋白」（amyloid β-peptide）代謝，並排出體外，避免腦部毒素持續累積。所以，睡眠能幫助我們恢復體力和腦力，同時能舒緩壓力。

想改善失眠，除了盡量讓生活作息維持正常之外，也可透過適度的運動改善。在2015年美國《生物精神病學》雜誌曾刊載一篇醫學研究，發現「認知行為療法」和「太極拳」可同時改善失眠、發炎症狀，因此多多練習太極拳，讓我們更容易一覺好夢到天明。

延年九轉功，按摩臟腑，一夜好眠

延年九轉功，是由清朝康雍年間著名養生家方開所創編。據載，清雍正年間有位名叫韓德無的男子罹患失眠二十多年，遍訪名醫與各類療法都無法改善，其後覓得「延年九轉」功法，精進練習不到兩個月，就能整夜酣睡。

延年九轉功，其實是以臟腑按摩為主的養生功法，臟腑按摩除了有助於提升消化與吸收的功能外，也有益於解毒與增強免疫功能，甚至能增進腦部神經傳導，進而調整全身的內分泌。這與現代醫學發現「腸腦菌軸」的觀點不謀而合，亦即大腦、腸道和腸道菌三者間，可透過荷爾蒙和神經訊息傳導，共同調節全身的健康。

練習本功法時，採站姿或是臥姿均可。因躺著時，腹部肌肉與精神狀態最能放鬆，故採用「臥姿」的練習效果最佳。建議在每日清晨起床前或睡前練習，最為合適。

改善失眠
延年九轉功

隨看隨練

YouTube

功效 ▶
· 有助消化與吸收，增強免疫功能
· 調整全身的內分泌，提升睡眠品質

POINT

雙腳重心落於湧泉穴

湧泉穴

1 兩手交疊於丹田，雙腿併步站立，全身放鬆，調勻呼吸。

2 兩腳打開與肩同寬。雙腳平行，重心落於兩腳湧泉穴，雙手下垂，自然貼於大腿外側。

POINT

巨闕穴在肚臍上6寸處

巨闕穴

6寸

3 | 兩手食指、中指與無名指三指相疊，
以順時鐘方向揉按巨闕穴，揉按21次。

4 | 雙手沿著任脈以順時鐘方向慢慢往下
揉到恥骨，揉按 21 次。

POINT

不容穴在臍上6寸，
離中線2寸處

不容穴

6寸 ← 2寸

5 | 雙手從兩邊胃經按摩而上，到不容穴。

6 | 按摩到不容穴後，轉巨闕穴，
將兩手相疊。

7 | 兩手沿著任脈往下推按到恥骨，
共推 21 次。

8 | 左手叉腰，以肚臍為中心點，右手由
丹田往順時鐘方向，揉按 21 次。

POINT

衝門穴在腹股溝外側，
距恥骨聯合上緣中點
3.5寸處

衝門穴

5寸

3.5寸

9 右手叉腰，以肚臍為中心點，左手由丹田往逆時鐘方向，揉按 21 次。

10 左手叉腰，右手從左乳下，沿脾經下推至衝門穴，共推 21 次。

POINT

手撐在腰眼處

11 | 右手叉腰，左手從右乳下，沿脾
經下推至衝門穴，共推 21 次。

12 | 兩手反托，位於腰眼處。

13 | 手撐腰際，朝順時鐘方向，轉21圈。

14 | 手撐腰際，朝逆時鐘方向，轉21圈。

15 | 雙手放下，身體回正。即完成一回合。

每日練習
4回合

16 ｜ 雙手向外打開，向上收攏。

17 ｜ 最後，雙手收回，交疊於丹田，完成此式。

養心太極 ❷
蹲伸起降

「蹲伸起降」的重點在以形導氣，
能暢通任督二脈，也可以強腎固腦。

現代罹患失智的人口有增加的趨勢，也越來越年輕化。依臺灣衛生福利部2011年調查結果顯示，以及內政部2017年12月人口統計資料估算，目前全臺失智症人口已超過26萬人。即65歲以上的老人之中，每12人即有1位失智，而80歲以上的老人之中，每5人有1位失智。所以，如何預防失智是現代人非常重要的課題。

在2012年，由國內研究單位發表的《太極拳運動對促進老年人認知功能之統合分析研究》發現，如果老年人連續練習至少10週、每週至少3次、每次至少30分鐘的規律太極拳運動，可以有效促進認知功能。

同年，上海復旦大學及美國南佛羅里達州立大學學者也從120名60到70歲的老年人研究發現，若長者維持每週3次、連續8個月的太極運動，可增加受試者腦部神經連結，減緩腦容量的萎縮速度，並有提升記憶和認知能力的跡象。

以上研究結果與個人在樂齡中心教學的經驗不謀而合。眾多失智程度中輕度的學員裡，只經過12次的練習後，在認知功能上，便有顯著的改善，並帶來樂於學習的動力。

蹲伸起降，強腎固腦

蹲伸起降的招式是從太極拳的「起勢」衍生而來，招式重點在「以形導氣」，暢通任督二脈。

《素問・骨空論》中提到：督脈者，貫脊屬腎，入絡腦……。由於腎與腦均可透過足太陽膀胱經和督脈聯繫，因此本招式也可強腎固腦。中醫認為，腦為元神之府，在臟腑中，與腦最有密切關聯的則是腎。腎藏精而主智，腎虛則智不足。腎精充足，髓海充盈，則身輕有力，智力正常，所以經常練習本招式，可以讓思維靈敏，避免記憶力減退、精神委頓及頭暈眼花等衰老跡象。

擺脱健忘
蹲伸起降

功效 ▶ · 以形導氣，暢通任督二脈
· 強腎固腦，思維靈敏

隨 看 隨 練

YouTube

POINT

雙腳重心落於湧泉穴

湧泉穴

1 | 兩手交疊於丹田，雙腿併步站立，全身放鬆，調勻呼吸。

2 | 兩腳打開與肩同寬。雙腳平行，重心落於兩腳湧泉穴，雙手下垂，自然貼於大腿外側。

Tip

雙手上舉時，不可聳肩。

吸氣

呼氣

Tip

下蹲時，背部需挺直，
腳跟需著地。

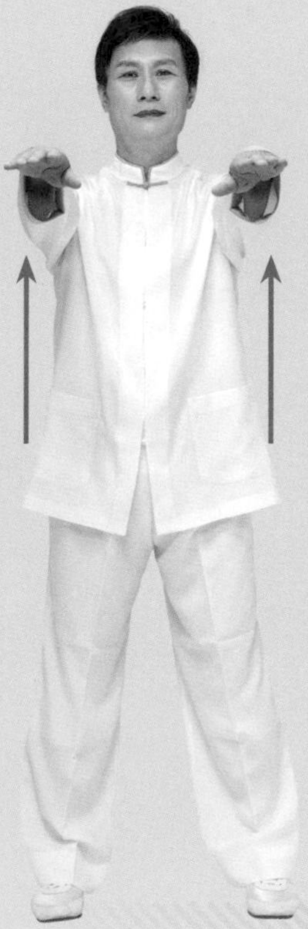

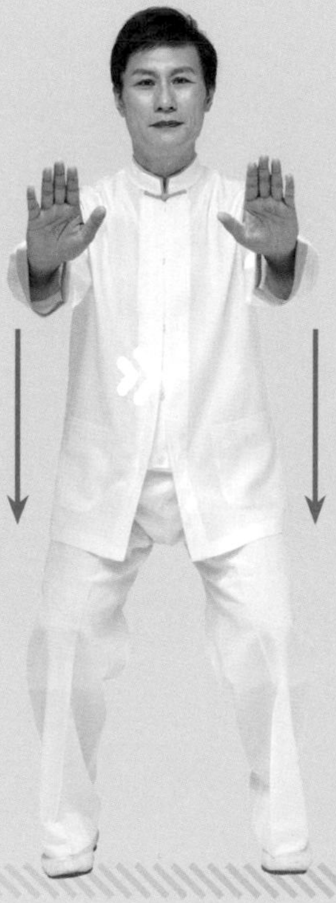

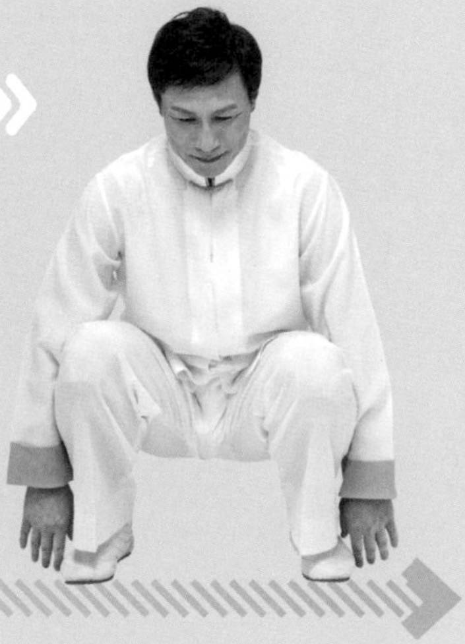

3 吸氣，雙手上舉，與肩同高。

4 呼氣，雙手下沉。想像氣沿著任脈下行，雙腿微彎。

5 雙手繼續向下沉，雙腿慢慢下蹲。

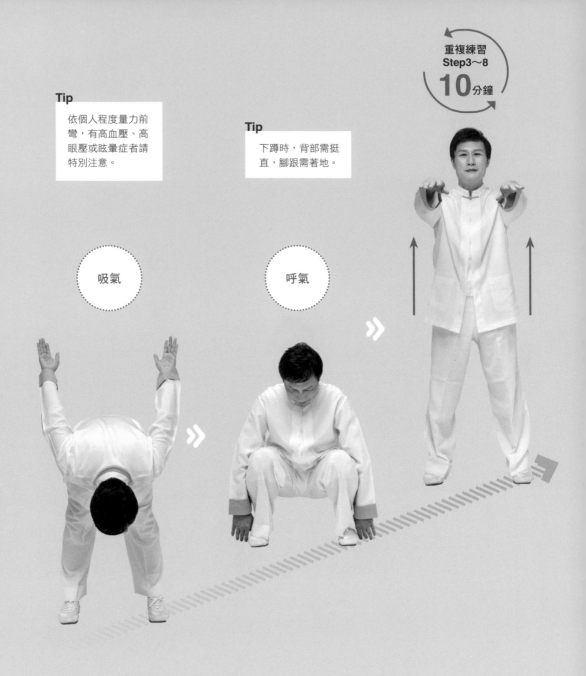

重複練習
Step3〜8
10分鐘

Tip

依個人程度量力前彎，有高血壓、高眼壓或眩暈症者請特別注意。

Tip

下蹲時，背部需挺直，腳跟需著地。

吸氣

呼氣

6 | 吸氣，雙腿打直，身體前彎，雙手後伸。

7 | 呼氣，身體下蹲。

8 | 吸氣，雙腳打直，起身，雙手抬起與肩同高。重複練習Step 3〜8，10分鐘。

每日練習
10分鐘

9 | 練習 10 分鐘後，雙手向外打開，
向上收攏。

10 | 最後，雙手收回，交疊於丹田，
完成此式。

養心太極 ❸

捧氣灌頂

捧氣灌頂從太極拳中的「金雞獨立」
演變而來，藉由動作與觀想，促使
清氣上行，濁氣下降，將疲勞與負
面能量排出體外。

現代人經常覺得「疲累」或「怎麼睡都睡不飽」，顯示身體所乘載的疲勞遠遠超出正常的標準。一般的勞累通常只要適當休息與調養，都會在短時間內恢復。但由長期工作緊張、壓力過大，以及生活作息不正常所引起的慢性疲勞卻很難消除，並常伴隨著各式疼痛出現，稱作「慢性疲勞症候群」（CFS）。

2018 年《英國醫學期刊》曾報導，打太極拳有助於緩解纖維肌痛症狀。美國塔夫茨大學補充綜合維生中心研究 226 位纖維肌疼痛的病患一年後發現，從第 24 週之後，練太極拳組所改善纖維肌疼痛的狀況，較有氧運動組更佳，長期練習太極拳也比短期練習的病患可得到更明顯的改善。

同時，研究人員認為打太極拳對慢性疲勞有顯著效益，是因為太極拳的練習融入了冥想與放鬆技巧，可鍛鍊身體與心靈。而且太極拳會讓人提升參與活動的意願，根據此次的研究，太極拳組的出席率達 62%，而有氧運動組的出席率卻僅有 40%。

練習太極拳，除了肢體的運動能促進血液循環，腦部的冥想能安定神經系統外，還能用「採外氣，補內氣」的方式，以動作、呼吸與意念的波動與外在環境產生共振，匯集外在環境的能量，修補與提升自我的元氣。

捧氣灌頂，採集天地的能量，滋養元氣

太極常用的方式就是採集天地的能量，滋養元氣，因此在此推薦「捧氣灌頂」。本招式從太極拳中的「金雞獨立」所演變而來，藉由動作與觀想，促使清氣上行，濁氣下降，如此調和陰陽與心腎的和諧。練習時，觀想能量從天上經頭頂的「百會穴」沐浴而下，滋養身體的組織與細胞，提升身體的能量，同時，把濁氣從腳底的「湧泉穴」排出體外，將疲勞與負面的能量加速代謝，可有效提振精神。

紓解慢性疲勞
捧氣灌頂

隨看隨練

YouTube

功效 ▶
· 清氣上行濁氣下降，暢通任督二脈
· 排出負面能量，去除疲勞提振精神

POINT

雙腳重心落於湧泉穴

湧泉穴

1 兩手交疊於丹田，雙腿併步站立，全身放鬆，調勻呼吸。

2 兩腳打開與肩同寬，雙腳平行，重心落於兩腳湧泉穴，雙手下垂，自然貼於兩大腿外側。

維持
10秒呼吸

Tip

想像清氣從天上自頭頂灌入體內，濁氣從腳底排出。

3 | 重心移到右腳，兩手隨之上舉。

4 | 抬左腳成金雞獨立，兩手向上，往頭頂靠攏。

5 | 兩手成圓弧形置於頭部兩側，維持 10 秒呼吸。

6 雙手與左腳緩緩落下。

7 身體回正。

維持
10秒呼吸

Tip

想像清氣從天上自
頭頂灌入體內，濁
氣從腳底排出。

8 | 重心移到左腳，
兩手隨之上舉。

9 | 抬右腳成金雞獨立，
兩手向上，往頭頂靠
攏。

10 | 兩手成圓弧形置於頭部
兩側，維持10秒呼吸。

循環練習
Step3〜12
10分鐘

11 | 雙手與右腳緩緩落下。

12 | 身體回正。重複練習Step 3〜12，10分鐘。

每日練習
10分鐘

13 | 左右交替練習 10 分鐘後，
雙手向外打開，向上收攏。

14 | 最後，雙手收回，交疊於丹田，
完成此式。

養心太極 ❹

勞宮開闔

勞宮開闔，是從「手揮琵琶」演變
而來。藉由動作與觀想屬於心包經
的勞宮穴，有提神醒腦、清心安神
的功效。

在現代社會競爭的壓力下，最常出現憂鬱和焦慮的情緒。其實焦慮不見得是壞事，適度的焦慮會迫使人們覺察自己的不足，改善自己的能力，並提升工作表現，從這方面來看，焦慮是有益的。

但如果我們在沒有任何壓力或事件發生的情況下，仍時常會感到「難以安心」或「全身緊繃」，這種焦慮就會變成負面的，長期下來會影響到生理層面，演變成一面懷著憂心的情緒，擔心有什麼事情要發生、非常不耐煩；一面又產生心跳加速、血壓上升、胸悶、頭痛、肌肉痠痛、呼吸急促、不斷冒汗等生理反應。

在 2013 年美國《循環》醫學期刊中，曾提到太極拳不只可以「減緩焦慮」，還有「降低心臟病發」的機率。練習太極拳時，會用意念引導、搭配緩慢的動作、柔和的呼吸，等同於讓意念、神經、肌肉同步運作，不僅可增強大腦額葉活動，同時促進腦內嗎啡、血清素的分泌，幫助神經系統放鬆，穩定不安的心，重新感受心靈的平靜。

勞宮開闔，清心安神

勞宮開闔，是從太極拳中的「手揮琵琶」所演變而來。古人常說：「每臨大事有靜氣。」意謂當我們面臨人生重大決策的時刻，更需要心神安定。

依據中醫的理論——「心主神明」，心若能安定，則可以減少煩躁與不安。勞宮穴屬於手厥陰心包經，有提神醒腦、清心安神的功效，而勾腳可有效刺激腳底湧泉穴，有強心志、鎮驚恐的作用。所以，本招式藉由觀想掌心的勞宮穴和動作，讓我們既可安心又能養氣。

勞宮開闔

釋放焦慮

隨看隨練

YouTube

功效 ▶ ・ 提神醒腦，清心安神
・ 強心志，鎮驚恐

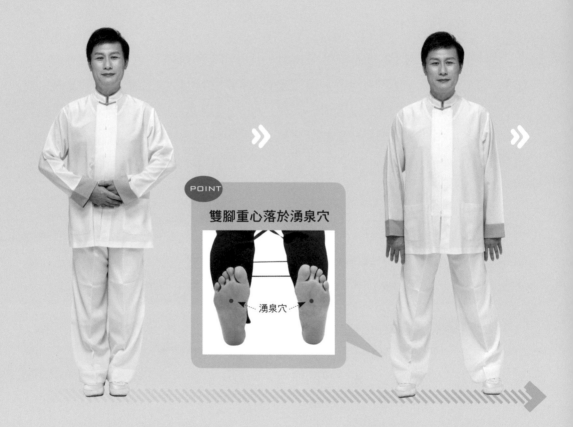

POINT

雙腳重心落於湧泉穴

湧泉穴

1 兩手交疊於丹田，雙腿併步站立，
全身放鬆，調勻呼吸。

2 兩腳打開與肩同寬，雙腳平行，重心
落於兩腳湧泉穴，雙手下垂，自然貼
於大腿外側。

POINT

手掌握起，中指內扣掌心的點，即為勞宮穴

勞宮穴

維持
10秒呼吸

身體左轉 45°

3 | 身體左轉 45°，重心移到右腳。

4 | 伸出左腳，勾腳，兩手由兩側提起，用右手掌托左手肘，左手掌心面對自己。想像氣聚勞宮穴，維持 10 秒呼吸。

循環練習
Step3～6
10 分鐘

維持
10秒呼吸

身體右轉 45°

5 | 身體右轉 45°，重心移到左腳。

6 | 伸出右腳，勾腳，兩手從兩側提起，用左手掌托右手肘，手掌心面對自己，想像氣聚勞宮穴，維持 10 秒呼吸。想像自身充滿寧靜與祥和。重複練習 Step 3 ～ 6，10 分鐘。

每日練習
10分鐘

7 | 左右交替練習 10 分鐘後，
雙手向外打開，向上收攏。

8 | 最後，雙手收回，交疊於丹田，
完成此式。

養心太極 **❺**

白鶴亮翅

白鶴亮翅的動作內含「脾氣主升，
胃氣主降」的原理，不僅具有調理
脾胃之氣的功效，還可藉由擴胸，
增加肺氣，具有排解憂思之效。

聯合國的世界衛生組織曾提出，到了 2020 年，全世界有三大疾病需要重視：心血管疾病、憂鬱症和愛滋病。而憂鬱症所造成的疾病負擔，僅次於癌症，是不容忽視的現代文明病。

由於女性荷爾蒙會順著各個生命階段產生變化，例如：經前症候群、產後憂鬱症、更年期，導致女性罹患憂鬱症的機率是男性的 1.5 ～ 3 倍。而長者更容易因為孤單、慢性病或過度用藥的問題，成為憂鬱症的高風險群。這時，人際關係的互動就扮演著很重要的角色，如果一群人團練太極拳，可以幫助自己走出孤立無援的處境，積極防治憂鬱症。

2010 年美國加州的醫學院將 112 位憂鬱症患者分成兩組，進行每週 2 小時、連續 10 週的太極拳訓練。最後研究結果發現，練太極拳的組員具有較大的抗壓力，以及較好的認知功能。2017 年美國麻省總醫院於《臨床精神醫學期刊》發表，針對 50 名已確診為輕、中度憂鬱症的患者，進行太極拳的試驗，在 12 週的課程後，比起其他運動而言，太極訓練班的憂鬱症患者病情改善的情況最明顯。顯而見之，太極拳這個中等強度的有氧運動，不只可統合腦部皮質的功能與改善腦波的頻率，更能有效改善精神與情緒的問題。

白鶴亮翅，排解憂思

中醫理論中「七情分屬於五臟」，代表著情緒與臟腑之間密不可分的關係。其中的七情，指的是怒、喜、憂、思、悲、恐、驚。而心對應於「喜」，肝對應於「怒」，脾對應於「思」，肺對應於「憂」，腎對應於「恐」。

「白鶴亮翅」的動作是「一手在上，一手在下」，內含著「脾氣主升，胃氣主降」的原理，不僅具有調理脾胃之氣的功效，還可藉由舒展身體、擴胸增加肺氣，達到排解「憂思」的強肺健脾之效。本招式與八段錦的「調理脾胃須單舉」有異曲同工之妙，在五行中，脾屬土，肺屬金，而土生金，肺又主氣，因此經常練習本招式可以健脾胃，壯肺氣，趕走憂鬱，提振精神。

走出憂鬱
白鶴亮翅

隨看隨練

YouTube

功效 ▶
- · 調理脾胃機能
- · 排解憂思，提振精神

POINT

雙腳重心落於湧泉穴

湧泉穴

1 兩手交疊於丹田，雙腿併步站立，全身放鬆，調勻呼吸。

2 兩腳打開與肩同寬，雙腳平行，重心落於兩腳湧泉穴，雙手下垂，自然貼於大腿外側。

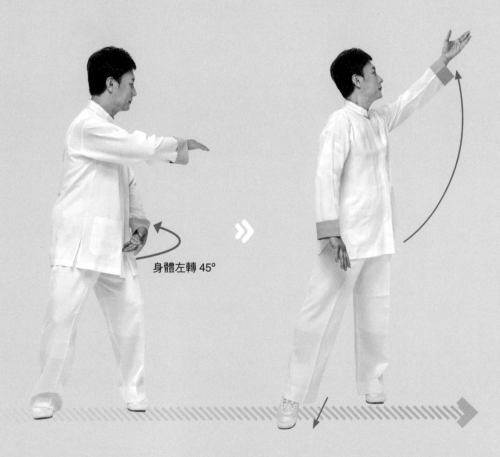

身體左轉 45°

3 ｜ 重心移到左腳，身體左轉 45°，
右手在上，左手在下，兩手環抱。

4 ｜ 左手向上方舉起，右手向下方畫出，
同時重心左移，右腳向前移出半步。

維持
10秒呼吸

5 | 右腳尖著地，隨著左手上舉，
脊椎順勢節節拔起。

6 | 重心落下，氣沉丹田，微收左手，
右腳曲膝，維持 10 秒呼吸。

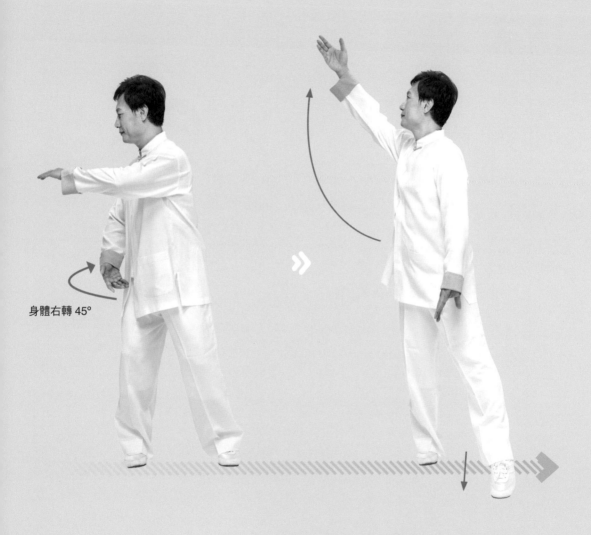

身體右轉 45°

7 | 右腳收回。重心移到右腳,身體右轉
45°,左手在上,右手在下,兩手環抱。

8 | 右手向上方舉起,左手向下方畫出,
同時重心右移,左腳向前移半步。

循環練習
Step 3～10
10分鐘

維持
10秒呼吸

9 │ 左腳尖著地，隨著右手上舉，
脊椎順勢節節拔起。

10 │ 重心落下，氣沉丹田，微收右手，左
腳曲膝，維持 10 秒呼吸。重複練習
Step 3～10，10 分鐘。

每日練習
10分鐘

11 │ 左右交替練習 10 分鐘後，
　　 雙手向外打開，向上收攏。

12 │ 最後，雙手收回，交疊於丹田，
　　 完成此式。

養心太極 ❻

掩手捶

掩手捶是太極拳中少見的用拳招
式。出拳動作，可增強丹田的元氣。
腰為腎之府，擰腰蹬腿，可以強化
腎氣，趕走恐懼。

中醫認為：「恐則氣下，驚則氣亂」，恐為腎之志，所以驚、恐的反應都跟心腎不交、腎氣失固有關。我們在極度恐懼時，會出現心悸、呼吸加速、頭暈等症狀，都屬於心氣不足所致，為上虛下盛、陰陽失調之象。

當焦慮、不安、恐懼的情緒，持續找不到出口，嚴重時會演變成恐慌症。而恐慌症除了藥物治療外，國外學者也曾以運動及服用安慰劑的恐慌症患者進行研究，經過6週後發現，採用運動來治療恐慌症患者的效果，完全不亞於藥物治療。

由於運動可釋放壓力、調節情緒、舒緩肌肉張力、增加血清素、促進GABA（γ-AminoButyricAcid，神經傳導物質）及神經滋養因子的生成，確實有消除焦慮及恐懼的功能。

每種情緒都與身體的每個反應有密切的關係，如：壓力大時，容易肩膀僵硬痠痛，害怕時，會佝僂腰痛。利用動作調整姿勢，可改善負面的情緒。前文已經介紹過，可用來改善焦慮的「白鶴亮翅」；當你害怕某個人、某件事時，也可以透過練習「掩手捶」，為自己增強勇氣，提升腎氣，由內而外，趕走恐懼的陰影。

掩手捶，提升腎氣，增加勇氣

掩手捶是太極拳中少見用拳的招式。出拳的動作，可以增強丹田的元氣。在中醫上，腰為腎之府，同時，腎在情緒的對應是「恐懼」，因此藉由擰腰蹬腿，可以強化腎氣，趕走恐懼，使人擁有破除心中障礙、面對挑戰的勇氣。

這動作需要搭配丹田的發力，同時需要很好的手腳協調能力，再透過蹬腿的動作，將地面的反作用力，從踝、膝，胯、腰、肩、肘與腕等關節，層層將力道發揮出來，斥退心中的烏雲，重現光明。

養心太極 ❻

遠離恐懼
掩手捶

功效 ▶
· 增強丹田元氣
· 強化腎氣，勇於面對挑戰

隨看隨練

YouTube

1 兩手交疊於丹田，雙腿併步站立，全身放鬆，調勻呼吸。

2 身體左轉，左腳向前跨出一步，右手在腰際握拳。

循環練習
STEP 3～4
10次

3 | 右腿彎曲，身體後坐。左手出掌，右手於胸前握拳。

4 | 右腿後蹬，右拳藉由反作用力出拳，步伐變成弓箭勢。左掌再藉由擰腰，收回胸前。重複練習 Step 3～4，10次。

5 | 練習 10 次後，
雙手平舉，收回右腳。

6 | 身體回正。

7 | 身體右轉，右腳向前跨出一步，
  | 左手在腰際握拳。

8 | 左腿彎曲，身體後坐，右手出掌，
  | 左手於胸前握拳。

循環練習
STEP 8～9
10次

9 左腿後蹬，左拳藉由反作用力出拳，
步伐變成弓箭勢。右掌藉由撐腰，收
回胸前。重複練習 Step8～9，10 次。

10 練習 10 次後，雙手平舉，收左腳。

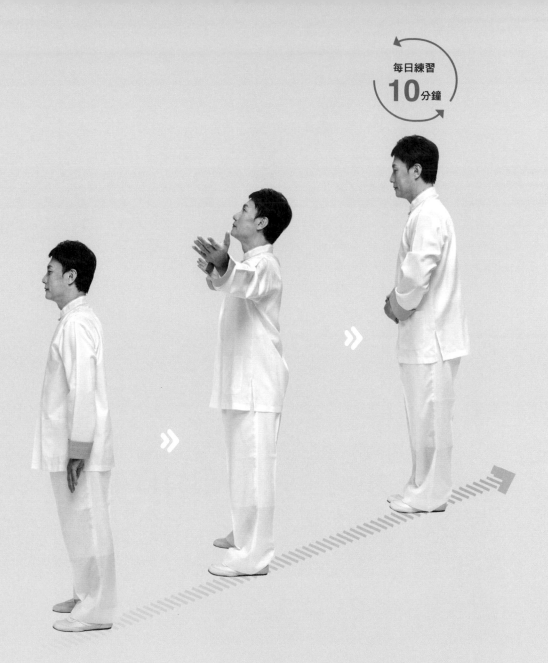

11 | 左右交替練習10次
後，身體回正。

12 | 雙手向外打開，
向上收攏。

13 | 最後，雙手收回，
交疊於丹田，完成此式。

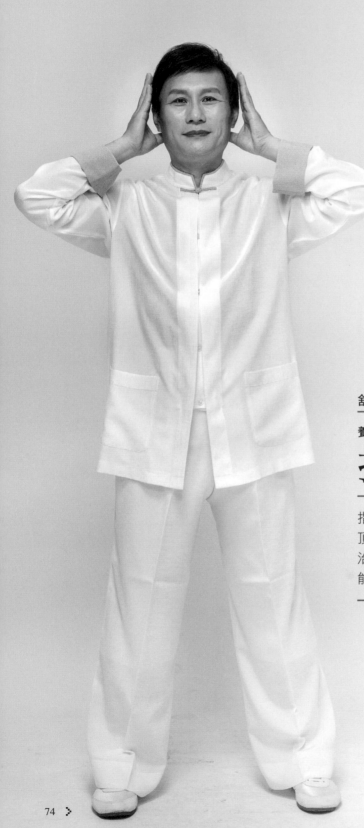

舒　緩　頭　痛

養心太極 ❼

指托風池

指托風池，是從太極拳中的「虛靈頂勁」原理衍生而來。風池穴，可治療感冒、頭痛、頭暈等症狀，並能刺激腦部氣血循環。

造成頭痛、頭暈的原因很多，有的病因很輕微，有些則是重大疾病的前兆。如果感到頭痛又頭暈，甚至出現視力模糊、說話不清、手腳無力或意識不清等症狀，應該尋求協助，立即就醫。

一般最常見到的頭痛、頭暈的病因，除了是傷風感冒引起之外，大多是因為壓力大、姿勢不良壓迫神經所致。當我們感到壓力大時，會造成頭部肌肉與血管痙攣，使得神經受到壓迫或損傷，而造成緊張性頭痛。

此外，經常使用 3C 產品的人，常因頸部肌肉過度負荷，引發痙攣壓迫、拉扯神經，所以也很容易頭痛。想要擺脫頭痛的困擾，除了平時盡量保持正確的姿勢之外，更要懂得適時為自己舒緩壓力。

根據美國加州大學洛杉磯分校日前公布的一項研究報告指出，讓緊張性頭痛的患者經過為期 15 週的太極拳練習後，頭痛症狀皆有所明顯緩解，甚至改善了患者的體力、社交能力和整體精神。顯示太極拳不只能令人放鬆，還能有效地調節身心、回歸心靈和諧。

指托風池，排除壓力與疲勞

指托風池，是從太極拳中的「虛靈頂勁」原理衍生而來。風池穴，可以治療外風所引起的感冒、頭痛，也可治療肝風內動所引起的頭暈，並能刺激腦部的氣血循環。上托頭部的動作，有助於頸椎的舒展，舒緩緊張的肌肉與血管，促使清氣上行、濁氣下降，將疲勞與壓力排出體外，一舉提振精神。

舒緩頭痛
指托風池

隨 看 隨 練

YouTube

功效 ▶
· 促進腦部氣血循環，治療感冒、頭痛、頭暈
· 將疲勞與壓力排出體外，提振精神

POINT
雙腳重心落於湧泉穴

湧泉穴

1 | 兩手交疊於丹田，雙腿併步站立，全身放鬆，調勻呼吸。

2 | 兩腳打開與肩同寬，雙腳平行，重心落於兩腳湧泉穴，雙手下垂，自然貼於大腿外側。

POINT

風池穴位於耳後頭枕骨下，髮際內有個凹陷處。

風池穴

3 | 將雙手大拇指按壓於耳後枕骨下方的
　　　風池穴。

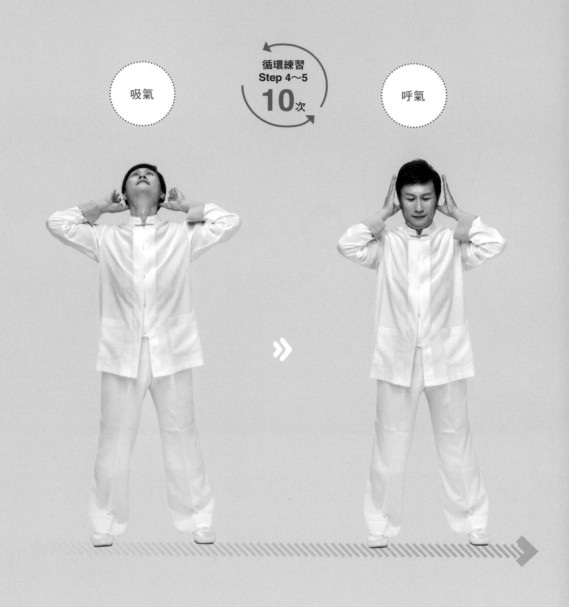

吸氣

循環練習
Step 4～5
10 次

呼氣

4 | 吸氣，兩拇指向上托起頭部，
下巴抬起，頭後仰。

5 | 呼氣，下巴收回，頸椎拉正。
重複練習 Step 4 ～ 5，10 次。

6 | 練習10次後，雙手打開，向上收攏。

7 | 最後，雙手收回，交疊於丹田，完成此式。

**養心太極 **

左右推碑

「左右推碑」的招式，是透過兩掌
的伸展，舒展兩手的心經與心包經。
當這兩條經絡氣血暢通，即可調整
胸腔的心臟機能與改善胸悶。

現今社會競爭壓力大，因自律神經失調引發胸悶的病例明顯增多。如果常常感覺自己心跳加速，或出現胸悶不適，但就醫後卻又治不好，就要擔心自己可能罹患了自律神經失調。

　　想改善胸悶，平常可以配合呼吸調息，或是練習有助身心放鬆的太極拳。

　　因為太極拳是以氣運行周身，配合深長細勻的呼吸，自然而然讓身心的意識、呼吸、動作協調一致的運動。但練習時，千萬不要為了學好套路或做到高難度動作，太過勉強自己，而造成運動傷害。

　　練習太極拳的鬆柔技巧時，除了將呼吸放慢外，也可逐步從身體的前線、後線、側線，來自我檢視各部位是否放鬆。

　　身體的前線，是從頭頂、眉心、喉嚨、胸口到肚臍的中線；後線則是從頭頂、腦後、背部、腰部、臀部、大腿、小腿到腳底；側線是從頭頂、耳朵、肩膀、上臂、前臂到手指。

　　除此之外，平常也可自我按摩手部的內關穴、神門穴，以及胸部的膻中穴與俞府穴，來安定神經與舒緩胸悶。

左右推碑，調整胸腔的心臟機能

　　「左右推碑」的招式，是利用太極拳中「沉肩墜肘」與「鬆柔」的原理，相互搭配、衍生而來。在練習時，透過兩掌的伸展，同時舒展兩手的心經與心包經。這兩條經絡氣血暢通，可調整胸腔的心臟機能與改善胸悶。

　　此外，本動作可舒展膻中穴與活絡心輪。所謂「氣會膻中」，膻中穴可以調理全身的氣機運行，暢通膻中穴後，自然呼吸順暢，消除胸悶。當心輪活絡後，也可活化心臟機能與安定腦部，讓失調的自律神經回歸協調。

養心太極 ❽

改善胸悶

左右推碑

功效 ▶
· 舒展心經與心包經，調整胸腔機能
· 活絡心輪，讓失調的自律神經回歸協調

隨看隨練

YouTube

POINT

雙腳重心落於湧泉穴

湧泉穴

1 兩手交疊於丹田，雙腿併步站立，
全身放鬆，調勻呼吸。

2 兩腳打開與肩同寬，雙腳平行，重心
落於兩腳湧泉穴，雙手下垂，自然貼
於大腿外側。

POINT

膻中穴位在胸前，兩乳頭連線的中點。

膻中穴

3 | 雙手向外打開畫圓，向上收攏。

4 | 雙手合掌於胸前，讓肩膀放鬆，
調勻呼吸。能量匯聚於胸口膻中穴。

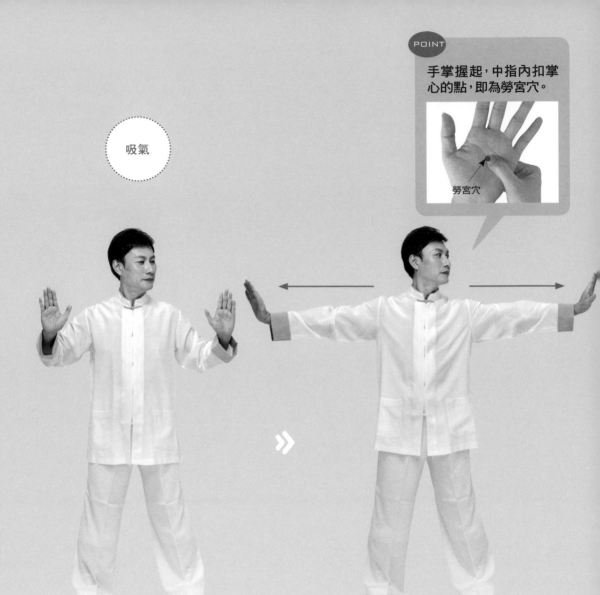

POINT

手掌握起，中指內扣掌
心的點，即為勞宮穴。

勞宮穴

吸氣

5 ｜ 吸氣，雙手打開，頭向左看。

6 ｜ 雙手外推，掌心朝外，指尖朝上，
　　意守掌心勞宮穴。

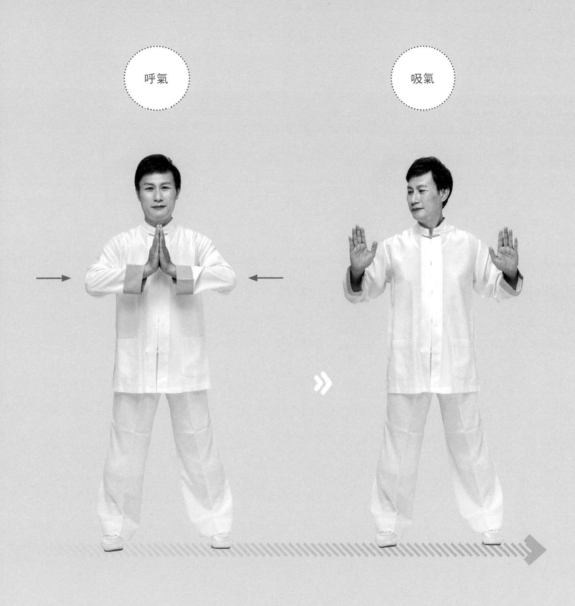

呼氣

吸氣

7 | 呼氣，頭回正，雙手緩緩合掌，收於胸前，肩膀放鬆。能量匯聚於胸口膻中穴。

8 | 吸氣，雙手打開，頭向右看。

呼氣

9 | 雙手外推，掌心朝外，指尖朝上。
意守掌心勞宮穴。想像胸口心輪緩
緩打開，將能量沐浴全身。

10 | 呼氣，頭回正，雙手合掌，感受到溫
暖柔和的能量凝聚全身。重複練習
Step 4 ～ 10，10 分鐘。

每日練習
10分鐘

11 │ 左右交替練習 10 分鐘後，雙手向
外打開，向上收攏。

12 │ 最後，雙手收回，交疊於丹田，
完成此式。

養心太極 ❾

提氣頓足

本招式是從太極拳的「沉肩墜肘」衍生而來。透過刻意的聳肩，讓原本僵硬的肩膀，感受到身體想要放鬆的深度需求。

由於現代人頻繁使用電腦、手機，長時間盯著螢幕的姿勢，不只會造成肩頸僵硬，讓肩頸周圍的肌肉、筋膜僵硬攣縮，還會引起頭痛與失眠。

　　唐代醫學家孫思邈有云：「上醫醫未病之病，中醫醫將病之病，下醫醫已病之病。」顯見在未病之前，如能防患未然，才是最好的治療。而練習太極拳，就是一種主動的治未病，防患未然的預防醫療。

　　練習太極拳時，一開始會以沉肩墜肘的動作引導，放鬆肩頸部的肌肉，透過手臂的緩緩下沉，還可伸展原本肩頸部緊繃的筋膜和韌帶；而太極拳的精神——「鬆」，更可讓身心都獲得放鬆，由內而外舒緩肩頸僵硬。所以，太極拳即是久坐辦公室的上班族最好的養生保健運動。

　　此外，肩膀僵硬或痠痛，還可能與我們的情緒有關。肩膀象徵著「責任」，長期的肩頸痠痛，可能代表自己肩負的壓力過大。透過肩膀僵硬的症狀，也是自我覺察的良機，凡事不一定要非你不可，學著放下，也是將成長機會提供給他人的一種寬厚。

提氣頓足，帶動全身放鬆

　　提氣頓足是從太極拳的「沉肩墜肘」原理衍生而來。透過刻意的聳肩，讓原本僵硬的肩膀，感受到身體想要放鬆的深度需求，呼應太極「陽極生陰，陰極生陽」的精神。吸氣時，上提腳跟，呼氣時，讓雙手與雙腳透過地心引力自然下沉，帶動全身放鬆。

　　本招式的另一個特色是「吸入清氣，排除濁氣」，吸氣時，可想像能量充滿全身，呼氣時，再將疲勞與痠痛排出體外，感受身心的輕鬆與自在。

消除肩頸僵硬
提氣頓足

隨 看 隨 練

YouTube

功效 ▶
- 全身放鬆
- 解除肩頸部的疲勞與痠痛

POINT

雙腳重心落於湧泉穴

湧泉穴

1 兩手交疊於丹田，雙腿併步站立，全身放鬆，調勻呼吸。

2 兩腳打開，與肩同寬。雙腳平行，重心落於兩腳湧泉穴，雙手下垂，自然貼於大腿外側。

吸氣

3 ｜ 兩手向下相交。

4 ｜ 吸氣，提肩，雙手收回胸前兩側，
腳跟抬起。

呼氣

循環練習
Step 3～6
10分鐘

5 呼氣，雙手掌心翻轉。

6 雙手下按，放下腳跟，將肩頸部的疲勞與痠痛排出體外。重複練習 Step 3～6，10分鐘。

7 │ 練習 10 分鐘後，雙手向外打開，
　 │ 向上收攏。

8 │ 最後，雙手收回，交疊於丹田，
　 │ 完成此式。

養心太極 ⑩

雲手調息

練習雲手時，身體以脊椎為軸心，
隨著腰部左右的轉動，按摩臟腑，
促進腸胃蠕動，疏通胃氣。

現代人工作壓力大，三餐不定時定量，因此經常鬧胃痛。太極拳的腰部動作占有重要的角色，所謂：「其根在腳，發於腿，主宰於腰，形於手指」，腰部的動作不僅是身體上下的樞紐，可促進脾胃正常運作，讓上焦的心火與下焦的腎水互相交融，達到水火相濟的效果。再配合鬆、沉、慢、勻的動作帶動下，更可強化副交感神經，讓心神安定，促進腹腔的血液循環與胃腸蠕動，改善消化系統。

在練習太極拳時，也會使用到腹式呼吸，此深度的呼吸會帶動膈肌運動，進而刺激胃腸部位的氣血循環，舒緩胃痛，預防便祕。

此外，由自律神經失調引起的緊張性胃痛，也可透過太極拳中的「雲手」，獲得緩解。練習時，我們可想像自身宛如天上悠游的白雲般，如此自由自在與無拘無束，隨之放鬆身上每條繃緊的肌肉，讓心情平和舒暢，以調節自律神經，也讓胃部的疼痛與不適消失於無形。

雲手調息，疏通胃氣

本篇介紹的「雲手」，是太極拳的經典招式。手部的轉換既似悠游於天空中的白雲，又似將太極的圖騰蘊含其中，象徵著陰與陽的交替運作，帶動體內的陰陽平衡，調和全身的內分泌與神經系統，平衡全身的交感與副交感神經系統。

練習雲手時，身體以脊椎為軸心，隨著腰部左右的轉動，按摩臟腑，促進腸胃蠕動，疏通胃氣。此外，本招式可讓氣在中焦（腹腔內）運行無礙，提升脾胃功能，使水穀精華濡漑五臟六腑和周身內外，並有助於心腎二氣的交流與平衡，讓水升火降，陰陽平衡，身心康泰。

解決緊張胃痛
雲手調息

隨看隨練

YouTube

功效 ▶ · 調和內分泌，平衡交感與副交感神經
· 促進腸胃蠕動，疏通胃氣

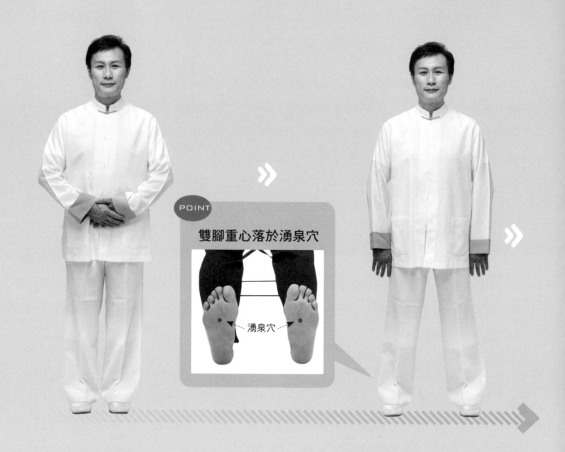

POINT

雙腳重心落於湧泉穴

湧泉穴

1 | 兩手交疊於丹田，雙腿併步站立，全身放鬆，調勻呼吸。

2 | 兩腳打開與肩同寬，雙腳平行，重心落於兩腳湧泉穴，雙手下垂，自然貼於大腿外側。

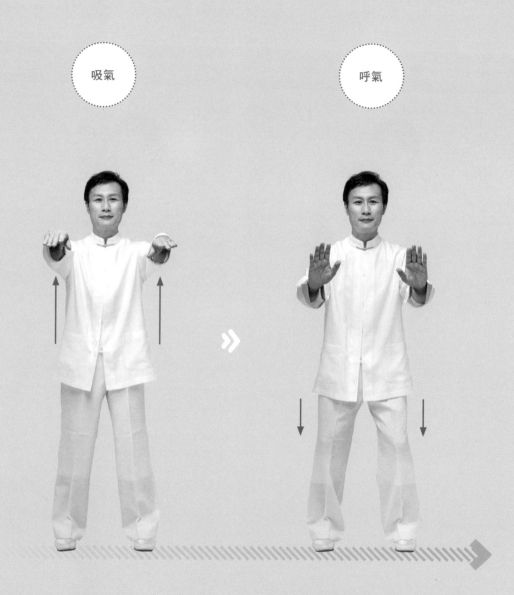

吸氣

呼氣

3 | 吸氣，雙手上舉，與肩同高。

4 | 呼氣，雙手微彎放鬆，掌心朝前，身體下坐。

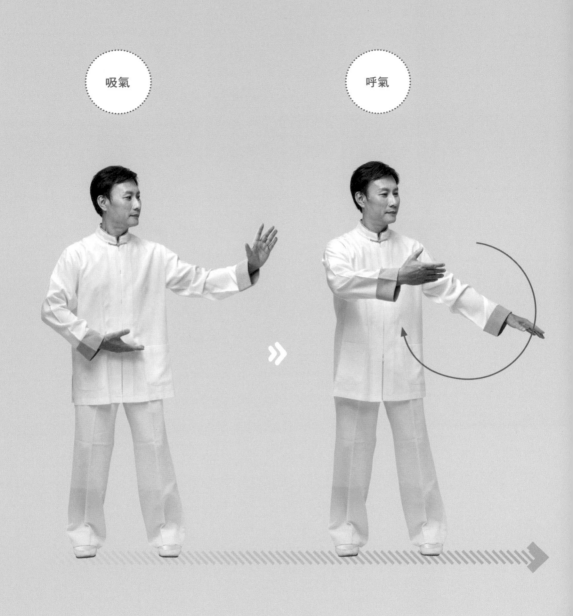

吸氣

呼氣

5 | 吸氣，身體左轉，左手上提，略高於肩。右手在下，位於肚臍左右。

6 | 呼氣，左手畫圓落下，回到肚臍左右，右手向上提起。

吸氣

呼氣

循環練習
Step 5～8
10分鐘

7 | 吸氣，身體右轉，右手在前方，略高
於肩。左手在下，位於肚臍左右。

8 | 呼氣，右手畫圓落下，左手向上
提起。重複練習 Step 5 ～ 8，10
分鐘。

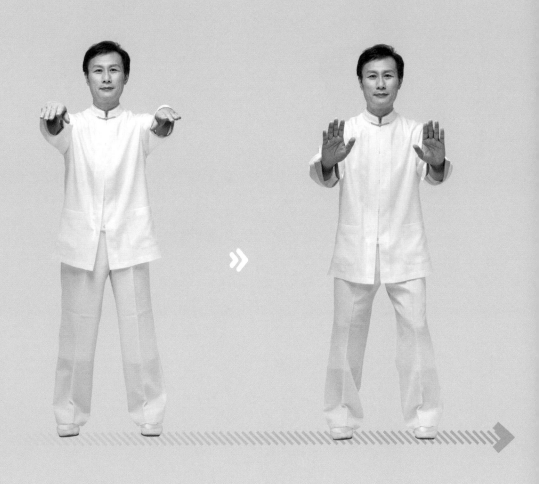

9 | 左右交替練習 10 分鐘後，身體回正，雙手回到中間，與肩同高。

10 | 雙手微彎，身體下坐。

每日練習
10分鐘

11 | 雙手向外打開，向上收攏。

12 | 最後，雙手收回，交疊於丹田，完成此式。

第三章

實練「養身太極十式」，
內外相合，強身健體

太極拳適合任何年齡、性別、體形的人，
而且架式高低、運動量大小都可因人、因時而異。
只要現在開始入門，
就能感受到這套傳承千年的養生之道，對於身心潛移默化的改變。

太極拳，
本是強身健體的武術

太極拳是一套講究「意到」、「氣到」、「力到」內外三合
的武術，只要經常練習，內以安五臟六腑，外可強身健體。

太極拳，原本就是一種強身健體的武術。

練習太極拳時的深層呼吸，不僅可讓體內各個細胞獲得充足的氧
氣與養分，還能按摩五臟六腑，進而消除體內的淤積硬結，將毒素排
除體外。

其身體運動方面，既可讓平時備受壓迫的脊椎向上領起，又能節
節拔開，隨著拳法擺動、扭轉，像龍一般的騰雲駕霧，靈活脊柱關節
的仰俯、旋轉功能，達到九節貫通、周身協調。因此，我們很少看到，
有在練太極的老年人，會出現脊柱明顯彎曲或駝背的情況。

其緩慢、深長的動作特色，比起其他運動，更可強化骨骼與肌肉，
活絡四肢百骸、脊椎、各關節韌帶，增加肌肉的張力與伸展力，讓外
在的筋、骨、皮更柔韌與強壯。

同時，除了有形的動作之外，太極拳講究的「以意行氣」，也可
以在無形中帶動周身經脈循環，有效刺激體內血液循環功能與促進神
經反應。

所謂「外練筋骨皮，內練一口氣」，練習太極拳，等於同時訓練「內三合」（心與意合、意與氣合、氣與力合）與「外三合」（手與足合、肘與膝合、肩與胯合），在一套運動的過程中，就可達到「意到」、「氣到」、「力到」的內外三合，幫助自身進入「一動而無不動，一合而無不合，五形百骸悉用其中矣」，自然的活絡筋骨、肌肉與關節，達到強身健體的功效。

　　美國老年協會曾針對太極拳和健身房運動做過比對實驗。研究單位將老年人分為兩組作訓練，一組練習健身房器材，另一組則練習太極拳，研究指出練習太極拳的長者平衡功能較好、腦筋靈活、走路穩健，連跌倒的機率都比前者減少 50%。最終的研究結論為，傳統健身的太極拳，實在比現代化的健身器械的保健效果好得多。

　　重點是，太極拳適合任何年齡、性別、體形的人，而且架式高低、運動量大小都可因人、因時而異。古人說：「莫待老來方學道，孤墳多是少年人」，今人說：「少年不養生，老來養醫生」，運動不只是為了防老，作為平時保健養生，才是明智的選擇。從現在開始入門太極拳，持之以恆，定能感受到傳承千年的養生之道對於身心潛移默化的改變。

　　在接下來的篇章裡，我會帶大家練習關於強身健體最有效的「養身太極」。透過練習，你將恢復成富有抵抗力的體質，擁有更優質的人生。

養身太極 ❶

掤擠盤按

「掤擠盤按」是太極拳經典的手部
動作，能充分刺激和暢通手部的心
經與心包經，進而調整心臟機能。

根據臺灣衛生福利部 2016 年統計，「心臟疾病」高居十大死因第 2 名，而且近十年來，在 35 歲到 54 歲的急診病患中，心肌梗塞發生率增加近八成。「來得快、去得也快」，是心臟疾病最可怕之處，往往在確診時，就已經是高危險群。在心臟疾病中，尤以冠狀動脈心臟病、心臟衰竭最為致命，死亡率甚至比癌症還高。

國人心臟疾病盛行的原因，除了高齡化社會的趨勢，也與平時不良的生活習慣、日常飲食吃太精緻、太油膩、缺乏運動習慣有關，所以日常的運動保養是非常重要的。但對於心臟疾患來說，並不適合太劇烈的運動，因此動靜結合的太極拳即為最佳的選擇。

在 2010 年美國《循環》期刊中，發表了一份哈佛大學醫學院的研究成果，證實練習太極拳能改善慢性心力衰竭病患的生活品質，並且提高其對於運動的耐受度。於 2011 年便有醫生主張，將太極拳列入冠狀動脈心臟疾病的推薦運動項目，以幫助病患緩解身心壓力。

國內也有心臟科醫師研究發現，如果連續練習太極拳九個月以上，可以穩定心跳速率、減少心肌缺血，更能降低冠狀動脈心臟病的發作。因此，無論國內外，太極拳都經常被作為心臟疾病的保健與復健處方。

捋擠盤按，調整心臟機能

「捋擠盤按」是太極拳的經典手部動作，能充分的刺激、暢通手部的心經與心包經，進而調整心臟機能。練習時，速度要緩和，配合呼吸，就可有效刺激副交感神經，調整血壓，達到養生保健的功效。

預防心臟病
捋擠盤按

功效 ▶ ・強化心臟機能，調節血壓
・促進血液循環，增強新陳代謝

隨看隨練
YouTube

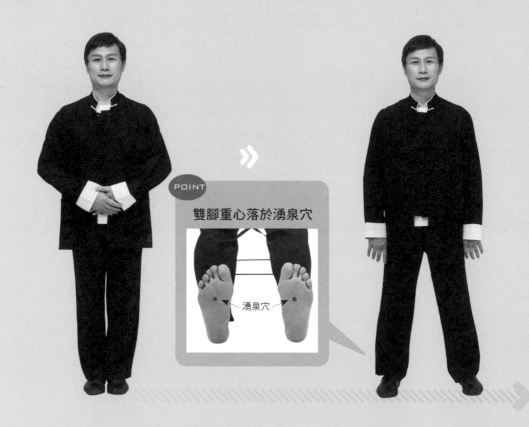

POINT
雙腳重心落於湧泉穴

湧泉穴

1 │ 兩手交疊於丹田，雙腿併步站立，全身放鬆，調勻呼吸。

2 │ 兩腳打開與肩同寬，雙腳平行，重心落於兩腳湧泉穴，雙手下垂，自然貼於大腿外側。

3 | 雙手舉起，
與肩同高。

4 | 重心移到左腳，右手
在上，左手在下。

5 | 身體左轉，左腳曲腿微
蹲，雙手由左側下帶。

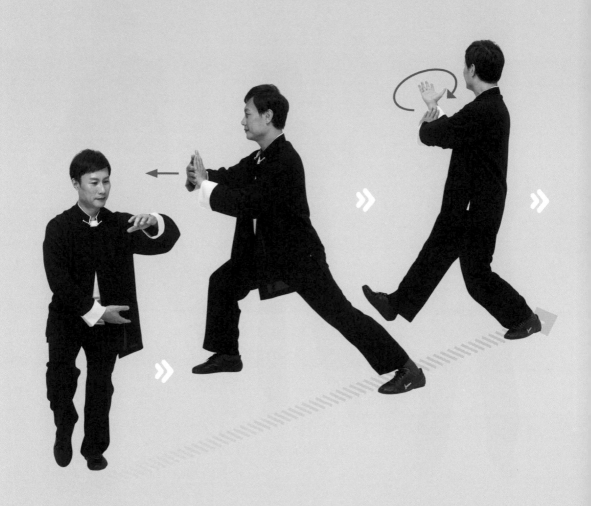

6 身體轉正，換為左手在上，右手在下。

7 右腳向右移一步成弓箭步，左手貼於右腕處，雙手向前擠出。

8 身體後坐，右腳勾起。右手掌心朝上，左手貼於右腕處，右手向後、向外畫圓。

循環練習
Step 4～10
10 次

9 | 雙手移至胸前，準備向前推。

10 | 重心前移，右腳向前移成弓箭步，雙手往前按出。重複練習Step 4～10，10次。

11 | 練習10次後，收右腳，身體轉正。

12 | 重心移到右腳，改成左手在上，右手在下。

13 | 身體右轉，右腳曲腿微蹲，雙手由右側下帶。

14 | 身體轉正，右手在上，左手在下。

15 | 左腳向左前移一步成弓箭步，右手貼於左手腕處，雙手向前方擠出。

16 | 身體後坐，左腳勾起。左手掌心朝上，右手貼於左腕處，左手向後、向外畫圓。

17 | 雙手移至胸前，準備向前推。

循環練習
Step 12～18
10 次

18 | 重心前移,左腳向前移成弓箭步,雙手往前按出。重複練習 Step12～18,10次。

19 | 練習10次後,收左腳,雙手平舉,身體轉正。

每日練習
10分鐘

20 │ 左右交替練習 10 次後，雙手向外
打開，向上收攏。

21 │ 最後，雙手收回，交疊於丹田，
完成此式。

改 善 手 腳 冰 冷

養身太極 ❷

前後甩手

前後甩手，是從太極拳的鬆身功法
演繹而來。自然而然地甩動兩臂，
讓身體隨著擺動的節奏微微起伏，
促進全身與四肢的氣血循環。

在冬天，許多人都有手腳冰冷的現象，這是因為身體元氣不足，無法將氣血運行到四肢末梢，再加上氣溫低，讓血管收縮，促使末梢血液循環不良，進而加劇手腳冰冷。

有些年紀大的長者也會因為器官功能衰退，而開始出現手腳冰冷的情況；一般人最常見的疾病導因，則是貧血。貧血的人，因為血容量不足，含氧量不足，自然末梢血液循環會比較差；另外，若患有出血性或內分泌疾病，如甲狀腺功能低下，也會比一般人更容易怕冷與手腳冰冷。

中醫認為，冬天會手腳冰冷的人，是身體陽氣不足所致；若除卻天氣因素，也會手腳冰冷，稱之為「手足厥冷」，這是陰陽氣血失調導致，可透過調整飲食或運動來改善。

飲食上，可以挑選富含維他命 E、胡蘿蔔素的食物，有助穩定神經循環系統；也可多食用溫性、熱性的食物，例如咖哩、肉桂、胡椒等食物，改善四肢末梢的血液循環情況；同時，也要減少食用冰冷或瓜果類的食物，避免造成寒性體質。運動上，可透過練習太極拳，溫補元氣，調整全身氣血循環，由內而外改善體質。

前後甩手，促進全身氣血循環

前後甩手，是從太極拳的鬆身功法演繹而來。練習時，身體需要放鬆，利用雙手前後擺動的離心力，自然而然地甩動兩臂，同時，讓身體隨著擺動的節奏，微微的上下起伏，使得身體與兩臂的律動頻率和諧共振，促進全身的氣血循環。如果平時忙碌，沒時間打一整套太極拳，可採用「前後甩手」單招練習的方式，立即可改善手腳冰冷的情況。

養身太極 ❷

改善手腳冰冷
前後甩手

功效 ▶
・ 促進全身氣血循環流暢
・ 活動腰胯，促進末梢循環

隨 看 隨 練

YouTube

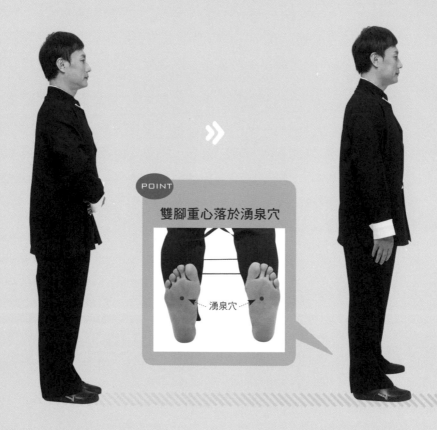

POINT

雙腳重心落於湧泉穴

湧泉穴

1 兩手交疊於丹田，雙腿併步站立，
全身放鬆，調勻呼吸。

2 兩腳打開與肩同寬，雙腳平行，重心
落於兩腳湧泉穴，雙手下垂，自然貼
於大腿外側。

3 | 左手向前甩，右手向後甩，
甩手輻度約到眼睛高度。

4 換右手向前甩，左手向後甩，
甩手輻度約到眼睛高度。
重複練習 Step 3～4，10分鐘。

每日練習
10 分鐘

5 | 左右交替練習 10 分鐘後，
雙手向外打開，向上收攏。

6 | 最後，雙手收回，交疊於丹田，
完成此式。

養身太極 ❸

十字開合

十字開合，是從太極拳的「十字手」演變而來。每次的開掌動作，可透過擴胸，舒展肺經。

在 2016 年世界衛生組織的報導指出，全球 40 歲以上成人，約有 1/10 患有慢性阻塞性肺病（COPD），造成每年約 300 萬人致死。在臺灣，慢性阻塞性肺病，位居十大死因第七位，每年死亡人數也高達約 5,000 人，所以空汙是現代人不得不面對的健康殺手。

根據醫院進一步研究發現，國內十大癌症死因，皆可能與造成空氣汙染的細懸浮微粒（PM2.5）有關。空氣中的 PM2.5 幾乎是隱形的，當負載重金屬、病毒的 PM2.5 被吸入肺中，等於透過血液循環至全身，將毒素帶到各個部位。因此，我們經常可以發現，有些不菸不酒、平日運動健身且生活規律的人，竟然也得到癌症，可見空汙的致病危險性。

近期一項發表在《歐洲呼吸系統期刊》的澳洲研究中指出，練習太極拳，可幫助慢性阻塞性肺病患者，有效的提升體能、對抗病魔。

科學家找來 42 位平均 73 歲的慢性阻塞性肺病患者，讓其中一半的人，除了接受治療外，另額外參加每周 2 次、每次 1 小時的太極拳課程。在經過 3 個月的訓練後，有學太極拳的組員，明顯降低焦慮感，並比另一組僅接受標準治療的患者走得更久、更遠，確實提升體能。顯示練習太極拳，可減少心臟耗氧量，提升肺功能、肺活量。

十字開合，舒展肺經

十字開合，是從太極拳的「十字手」所演變而來。每次雙手交叉時，手掌的勞宮穴，對應著胸前的中府穴與雲門穴，可提升肺部機能；每次的開掌動作，可透過擴胸，舒展肺經；身體由下而上的起伏動作，更有助於血液流回心臟，增加血液的含氧量，加速毒素或病菌的代謝、排出體外。

對抗空汙 PM2.5
十字開合

功效 ▶ ・透過擴胸，舒展肺經
・增加血氧量，加速毒素或病菌排出體外

1 兩手交疊於丹田，雙腿併步站立，全身放鬆，調勻呼吸。

2 左腳向左橫跨一大步，約兩肩寬，雙手自然貼於大腿外側。

3 | 雙手於胸前交叉成十字。

4 | 雙手向外分開，透過擴胸暢通肺經。

循環練習
STEP 3～6
10分鐘

5 │ 下蹲，雙腳成馬步。兩手向下抄，
    交叉成十字。

6 │ 起身，回到胸前十字手，
    重複練習 Step 3～6，10 分鐘。

每日練習
10分鐘

7 | 練習 10 分鐘後，雙手向外打開，
向上收攏。

8 | 最後，雙手收回，交疊於丹田，
完成此式。

養身太極 ❹

游魚擺尾

「游魚擺尾」是從太極拳的「雲手」所衍生而來。透過「以身領手」，帶動腰部的轉向，有節奏的按摩腸胃，提升消化機能。

腸胃是一套很敏感的系統，如果我們飲食時間不正常、不均衡，或情緒的起伏，如緊張、煩惱、壓抑等，都會影響到腸胃機能。由於腸胃系統與免疫系統息息相關，因此若腸胃不適，往往也代表著自己的免疫力低落，長期影響下，可能會造成腸胃的病變、瘜肉的增生，不可小覷。

太極拳的動作特色是「體鬆、息柔、心靜」，藉由輕柔緩和的呼吸與肢體伸展，有助強化副交感神經的作用，增加腸胃的蠕動，促進胃液、胰液等消化液的分泌，讓消化機能可有效運作。搭配的腹式呼吸，也可增進膈肌與腹肌的收縮和舒張，深度按摩消化臟器，提升消化和吸收能力，改善了體內的新陳代謝。因此，常練太極拳的人，可以增進食慾，改善胃腸功能。

不過，練習太極拳的時機也要抓對，在飯前或飽食後練拳，會導致腸胃消化受阻，反而造成腹痛，這點要特別注意。

個人在教學過程中，經常收到許多學員在練習太極拳後改善腸胃功能的心得分享，其中特別印象深刻的是一位 70 多歲的女性學員。

因為生病，她在數年前將胃與膽全部切除。由於失去了胃的消化功能，因此身體非常清瘦，並造成巨球性貧血，臉色蒼白。在太極拳的練習與醫師的同步調理下，半年內，她的臉色變紅潤，整個人也精神煥發。在感受到太極拳帶來的健康與益處後，她經常和別人分享個人經驗，並鼓勵他人學習太極拳。

游魚擺尾，按摩腸胃，提升消化機能

「游魚擺尾」是從太極拳的「雲手」所衍生而來。透過「以身領手」的要領，在擺動雙手的同時，帶動腰部的轉向，有節奏的按摩腸胃，提升消化機能；並且藉由雙手採集著飄逸於大自然的能量，洗滌身心，就像是清泉中的魚兒，自由自在。

提升腸胃機能

游魚擺尾

功效 ▶ ・按摩腸胃，提升消化機能
　　　　・採集能量，洗滌身心

YouTube

POINT

雙腳重心落於湧泉穴

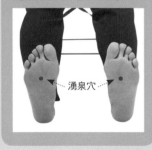

湧泉穴

1 兩手交疊於丹田，雙腿併步站立，全身放鬆，調勻呼吸。

2 兩腳打開與肩同寬，雙腳平行，重心落於兩腳湧泉穴，雙手下垂，自然貼於大腿外側。

身體左轉 90°

3 | 雙手舉起，與肩同高。

4 | 左手曲肘，
右手伸直。

5 | 左手向後拉，
以腰帶身體左轉 90°。

循環練習
STEP 4～7
10分鐘

身體右轉 90°

6 | 右手曲肘，
左手伸直。

7 | 右手向後拉，以腰帶身
體右轉 90°。重複練習
Step 4～7，10 分鐘。

8 | 左右交替練習 10 分鐘
後，身體回正，雙手回
到中間，與肩同高。

每日練習
10分鐘

9 雙手向外打開，向上收攏。

10 最後，雙手收回，交疊於丹田，完成此式。

養身太極 ❺

懷抱太極

懷抱太極是從環抱的動作所衍生而來。兩手掌心相對，可以促進體內的氣場對流，隨著身體的旋轉，按摩腸道，加速毒素的代謝分解。

現代人工作忙碌，生活壓力大。根據 2015 年董氏基金會的「全臺腸年齡調查」發現，在 15 到 59 歲的青壯年之中，每個人平均的腸道年齡比實際年齡高出 11.3 歲，而且每 10 個人就有 5 人出現便祕的問題。衛生福利部的中央健康保險署的統計數據也指出，2016 年，因腸胃、消化系統等問題就醫的人數，就有 469 萬 7 千餘人，可見得國人的腸胃狀況存在著隱憂。

便祕，是腸道環境惡化的首要徵兆。因為便祕會產生許多對於人體有害的毒素，還會讓肌膚變差，甚至使得氧氣無法被充分送到腦部，導致頭痛與健忘，危害腦部功能。

練習太極拳，透過上下起伏的動作與腹式呼吸，不僅能促進腸胃的蠕動，還可以調整自律神經，改善因為緊張所引起的便祕，所以每日早晨或晚上，利用短短十分鐘，將「懷抱太極」單招重複練習，就可感受到通腸排毒的效果。

在這裡分享一個學員的心得。有位學員某次上課時，很開心的跑來告訴我：「老師，我上課很認真，回家也很認真練習，連上廁所也在練習。」我驚訝的回答：「你是很認真，但有需要這麼認真嗎？」學員笑著說：「沒有啦，因為我有 20 多年的便祕問題，坐著也沒事，就用雙手練練太極或氣功，結果原本需要 20 分鐘，但 5 分鐘就上完了，所以每天上廁所都練習。」可見得勤練太極或氣功，可達到防治便祕的良好效果。

懷抱太極，加速毒素的代謝分解

懷抱太極的招式，是從太極拳環抱的動作所衍生而來。兩手掌心相對，可以促進體內的氣場對流，讓體內的腹腔宛如一顆太極能量球般，隨著身體的律動旋轉，按摩腸道，加速毒素的代謝分解。

通腸排毒

懷抱太極

隨看隨練

YouTube

功效 ▶　· 按摩腸道，加速毒素的代謝分解
　　　· 增強內氣運行，調理中焦

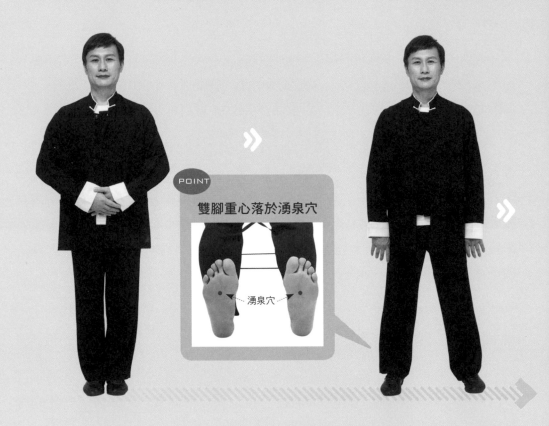

POINT

雙腳重心落於湧泉穴

湧泉穴

1 ｜ 兩手交疊於丹田，雙腿併步站立，全身放鬆，調勻呼吸。

2 ｜ 兩腳打開與肩同寬，雙腳平行，重心落於兩腳湧泉穴，雙手下垂，自然貼於大腿外側。

身體左轉 90°

3 雙手舉起，與肩同高

4 身體左轉 90°，左手在上，右手在下，兩手掌心相對環抱。

5 身體轉正，雙手環抱。準備換成左手在上，右手在下。

身體右轉90°

循環練習
STEP 4～7
10分鐘

6 | 身體右轉 90°，換成右手在上，
左手在下，兩手掌心相對環抱。

7 | 身體轉正，雙手環抱，準備換成左手
在上，右手在下。重複練習 STEP 4～
7，10 分鐘。

8 | 左右交替練習 10 分鐘後，雙手回到胸前，掌心相對。

9 | 雙手向外打開，向上收攏。

10 | 最後，雙手收回，交疊於丹田，完成此式。

養身太極 ❻

半馬太極

半馬太極的動作要領在於充分伸展與收縮大腿內側肌群，可有效刺激足三陰經，緩解月經失調，與保養子宮和卵巢。

大部分的女性朋友幾乎都有經痛的經驗，中醫認為生理痛的主要因素為「肝鬱氣滯」與「寒凝血瘀」。

導致「肝鬱氣滯」的因素，除了體質外，還與現代人易久坐的生活型態有關。久坐則氣鬱不舒、情緒起伏不定。

吃太多生冷寒涼飲食，例如：冷飲、瓜果、生菜等，或常吹冷氣，則易導致「寒凝血瘀」。「寒」指的是「子宮寒冷」，以致子宮、卵巢、輸卵管等功能虛弱，以及骨盆腔內血液循環不良。子宮寒冷者，最容易出現小腹凸出、白帶與頻尿等的現象。

該如何幫子宮祛寒、舒緩經痛呢？最常見的方式就是熱敷，可用艾草加水煮熱，再用毛巾沾濕熱敷肚臍與小腹，以溫熱的艾草水足浴或是盆浴就可改善體質。

另外一個方式更簡單，就是每日至少花 15 分鐘練習腹式呼吸，隨著呼吸的頻率，可收縮腹部肌肉，按摩子宮、卵巢，作為日常的婦科保健之方。

除了腹式呼吸，若再加上太極拳練習，可以充分讓周身的氣血運行，進而改善久坐氣鬱與血液循環不良的問題，同時能夠暢通經絡，壯元氣、祛寒氣，由內而外改善經痛的問題。

半馬太極，保養子宮和卵巢

「半馬太極」的招式來自於太極拳的「單鞭下式」，動作的要領在於充分伸展與收縮大腿內側肌群，可有效刺激足三陰經（脾經、肝經與腎經），緩解月經失調，與保養子宮和卵巢。特別要注意的是，為達到最佳的練習效果，避免運動傷害。當弓步下蹲時，前腳的膝蓋不可超過腳尖。

養身太極 ❻

舒緩經痛
半馬太極

隨看隨練

YouTube

功效 ▶
- 有效刺激足三陰經,緩解月經失調,保養子宮和卵巢
- 伸展大腿內側肌群,增加下肢肌耐力

90°

1 兩手交疊於丹田,雙腿併步站立,全身放鬆,調勻呼吸。

2 身體左轉,雙手叉腰,左腳向左跨出一步成弓箭步,兩腳尖方向成 90°。

Tip

後坐時，身體不可前傾。

3 | 重心上移，兩腳打直。

4 | 右腿彎曲，身體後坐，左腳打直。

循環練習
STEP 2～5
10次

Tip

・前腳膝蓋不超出腳尖。
・腿力不足者，微蹲即可。

5 | 重心移到兩腿中間，臀部高度盡量低
於膝蓋。再緩緩將重心前移，回到左
弓箭步。重複練習 Step2～5，10 次。

6 | 練習 10 次後，起身，收左腳。

90°

7 | 身體右轉，右腳向右跨出一步成弓箭步，兩腳尖方向成 90°。

8 | 重心上移，兩腳緩緩打直。

循環練習
STEP 7〜10
10次

Tip
後坐時，身體不可前傾。

Tip
・前腳膝蓋不超出腳尖。
・腿力不足者，微蹲即可。

9 | 左腿彎曲，身體後坐，右腳打直。

10 | 重心移到兩腿中間，臀部高度盡量低於膝蓋。再緩緩將重心前移，回到右弓箭步。重複練習 Step 7〜10，10 次。

每日練習
10分鐘

11 | 左右交替練習 10 分鐘後，起身，收右腳。

12 | 身體回正，雙手向外打開，向上收攏。

13 | 最後，雙手收回，交疊於丹田，完成此式。

養身太極 ❼

搖腿敲腳

運用太極拳「鬆」的特點，不必用
過多的力氣與肌群，只須用到大腿
的內收肌群，就可改善頻尿困擾。

年長的男性通常會有攝護腺肥大的問題，造成頻尿、夜尿、尿急、餘尿感，或因塞住膀胱出口，引發小便無法順利排出的急症。無論男女，頻尿不只會導致生活不便，還會造成睡眠障礙，甚至成為其他疾病如高血壓、心臟的誘發因素。

2012年韓國曾做過太極拳與攝護腺肥大的相關研究。研究單位將56位攝護腺肥大的長者分為兩組，一組練習12周的太極拳，另一組則作為對照組。結果發現，有練太極拳的長者，不僅改善了攝護腺肥大的症狀，連睪酮（testosterone，主要的雄激素）都增加了。

中醫認為，頻尿是因「外寒入裡」、「脾腎陽虛」所致。因此，透過本篇介紹的太極拳招式，能有效提升體內的陽氣，促進脾、肝、腎的氣血運行，進而增進膀胱與腎臟的機能，讓膀胱有力、腎氣精壯，解決擾人的頻尿困擾。

搖腿敲腳，最簡、便、廉、效的改善頻尿處方

練習搖腿敲腳時，可以採臥姿，也可以採坐姿。重點是，這招式運用了太極拳「鬆」的特點，只須用到大腿的內收肌群，不必用到多餘的力道與肌群，是一個簡、便、廉、效的改善頻尿處方。

雙腳相互敲打時，可細細感受大腿內側肌群的收縮，從腳掌、小腿、大腿到腹部，有效帶動足三陰經（足太陰脾經、足厥陰肝經、足少陰腎經）的氣血循環，促進下半身的血液及淋巴新陳代謝。

「搖腿敲腳」的動作看似簡單，但是效果良好，根據學員的心得分享，只要確實練習，當天晚上就能明顯感受到對「頻尿」的改善效果。

改善頻尿
搖腿敲腳

隨看隨練

YouTube

功效 ▶
· 讓膀胱有力、腎氣精壯,改善頻尿
· 促進下半身的血液及淋巴新陳代謝

POINT

隱白穴位於腳拇趾甲根部內側 0.1 寸處。

隱白穴

1 | 身體正坐,雙腿打開,向前伸直,腳尖朝上。

2 | 左腳不動,右腳跟當軸心,向左擺動,敲打隱白穴 100 下。

每日練習
10分鐘

Tip

敲打時,可細細感
受大腿內側肌群
收縮。從腳掌、小
腿、大腿到小腹
部,有效帶動足三
陰的氣血循環。

3 | 右腳不動,左腳跟當軸心,向右擺動,
敲打隱白穴 100 下。

4 | 腳跟皆不動,兩腳相互敲打隱白穴
100 下。

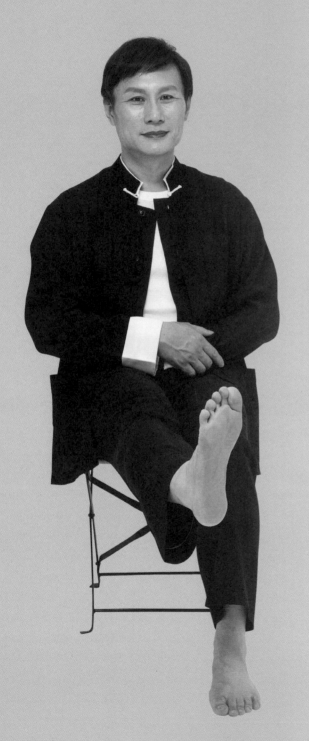

**養身太極 **

腳敲太衝

本招式可從根本強健膝關節機能，在平常看電視或是休息躺臥時，都可練習。

臺灣在 2018 年 4 月 10 日正式進入「高齡社會」，八年後可能就會進入「超高齡社會」。隨著年齡的增長，關節會自然老化，軟骨的彈性和潤滑功能也會因此下降，所以中老年人常會覺得腿腳不如往日靈活，膝關節疼痛的情況也越來越多。

　　除了中老年人以外，一般人也常因運動過度或姿勢不良，致使膝關節疼痛的疾患年齡下降，或許這就是復健診所如雨後春筍般開設的主因。

　　想強健膝蓋、改善膝關節疼痛，除了一般的藥物治療、物理治療之外，練習太極拳也可達到同樣的功效。

　　2016 年 7 月，《美國內科醫學年鑑》發表了「太極拳與物理治療對膝蓋關節炎治療效果的比較」的報導，研究中發現，以退化性關節炎患者而言，1 週打 2 次太極拳，與 1 週進行 2 次物理治療的效果相比，三個月後，兩者皆同樣有助緩解膝關節疼痛。而打太極拳的患者，在情緒與生活品質方向皆有更顯著的提升，且效果可長達一整年。

腳敲太衝，強健膝關節

　　中醫認為，「腰為腎之府，膝為筋之府」，而「肝主筋」，「太衝穴」又是肝經的「原穴」，因此刺激太衝穴，既能訓練大腿肌肉，又可強健膝關節的機能，達到中醫古書《難經》提到的「五臟六腑之有病者，取其原也」的成效。

　　此外，本招式非常便於練習，在我們平常看電視或是休息躺臥的時候，都是練習的好時機。

強健膝蓋
腳敲太衝

功效 ▶
· 強健大腿肌肉，防治膝關節退化
· 調理肝臟機能，降肝火消除氣鬱

1 身體正坐，雙腿打開約肩寬，小腿與大腿成 90°。

2 左腳不動，右腳打直抬起，與左膝同高。

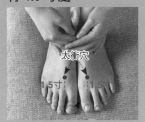

POINT

太衝穴位於腳拇趾與
第二趾趾縫間,往腳
背 1.5 寸處。

太衝穴

1.5寸 1.5寸

每日練習
10分鐘

3 | 用右腳跟敲打左腳太
衝穴 100 下。

4 | 右腳不動,左腳打直
抬起,與右膝同高。

5 | 用左腳跟敲打右腳太衝
穴 100 下。

養身太極 ⑨

獨立揮手

「獨立揮手」是從太極拳的「金雞獨立」與「手揮琵琶」所融合而來。可以訓練身體的平衡感，增強下肢肌耐力，可預防跌倒。

「跌倒」，是臺灣老人事故傷害的第二大死因。根據研究，老年人一旦跌倒，每十次就有一次將帶來嚴重的傷害，如骨折或腦部出血。所謂「一朝被蛇咬，十年怕井繩」，有些老年人會因為怕再次跌倒，反而限制自我活動，使得身體功能加速退化，因此「保命防跌」，對高齡的臺灣社會而言，是一項重要的課題。

根據《新英格蘭醫學期刊》的一份針對巴金森氏患者的研究成果報導指出，練習太極拳，不只增進肌肉的強度，幫助老年人走路更迅速、更快能站起身，還可減少跌倒的機率。

實驗中，將巴金森氏症患者分成二組，第一組的人上太極拳，第二組的人進行重量訓練，第三組的人則是做伸展運動，每週會上兩次各 60 分鐘的課程。在歷經半年後研究發現，經過太極拳訓練的巴金森氏症患者，相較於其他組患者，更易於走動，而且無論向前或向後傾斜，也都不易跌倒。

本篇介紹的預防跌倒的太極拳招式，對於沒有體力或精神完成一整套太極拳的長者而言，是一大福音，每天只須約 10 分鐘就可以完成，確保長者的平安健康，也能讓家中的晚輩或子女更安心。

獨立揮手，訓練平衡感，增強下肢肌耐力

「獨立揮手」是從太極拳常見的「金雞獨立」與「手揮琵琶」所融合而來。練習獨立勢與後退的動作，可以訓練身體的平衡感，同時也可增強下肢肌耐力，可預防跌倒，或是增進將要摔倒時的靈活反應。不過，在練習獨立勢時，要注意安全，練習全套動作時，不宜速成或勉強，動作緩慢，才能確實有效增加下肢的肌耐力。

養身太極 ❾

預防跌倒
獨立揮手

隨看隨練

YouTube

功效 ▶
· 訓練身體的平衡感,增強下肢肌耐力
· 預防跌倒,增進將要摔倒時的靈活反應

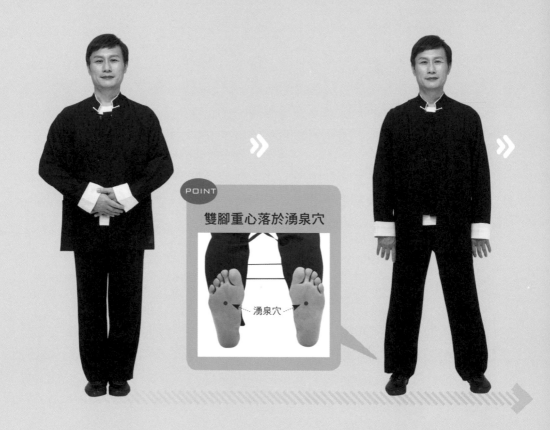

POINT

雙腳重心落於湧泉穴

湧泉穴

1 兩手交疊於丹田,雙腿併步站立,全身放鬆,調勻呼吸。

2 兩腳打開與肩同寬,雙腳平行,重心落於兩腳湧泉穴,雙手下垂,自然貼於大腿外側。

Tip

避免跌倒，可先扶著牆面
或穩固的傢俱來練習。

維持
10秒呼吸

3 │ 重心移到左腳，抬右手，
　　左手置於左胯旁。

4 │ 抬右手右腳成獨立勢，維持 10 秒呼
　　吸。

維持
10秒呼吸

5 | 右腳後退一步。

6 | 重心後移，左腳勾起，雙手往兩旁畫圓，於胸前相合。左手在前，右手在後，維持 10 秒呼吸。

7 | 收右腳，重心前移。身體回正。

維持
10秒呼吸

8 重心移到右腳，抬左手，
右手置於右胯旁。

9 抬左手左腳成獨立勢，維持 10 秒呼
吸。

循環練習
STEP 3～11
10分鐘

維持
10秒呼吸

10 | 左腳後退一步。

11 | 重心後移，右腳尖勾起，雙手往兩旁畫圓，於胸前相合。右手在前，左手在後，維持10秒呼吸。重複練習Step 3～11，10分鐘。

12 | 左右交替練習10分鐘後，身體回正，兩手自然貼於腿側。

13 | 雙手向外打開，向上收攏。

14 | 最後，雙手收回，交疊於丹田，完成此式。

養身太極 ⑩

鬆肩畫圓

「鬆肩畫圓」是從太極拳的「鬆身」功法演繹而來，非常適合上班族舒緩腰部壓力或腰痛，作為日常保健腰部使用。

腰痛是常見的都市病。上班族因為久坐，腰部和腹部肌群容易鬆弛無力，且人體的腰椎位於背部的下半部，平時須承受的身體重量，明顯比頸椎和胸椎更多負荷，使得腰關節承載了過多的壓力。平日各種動作也常動用到腰關節，因此自然比其他部位更容易損傷，動不動就出現腰痠或腰痛的情況。

中醫認為，腰痛的主要病因是出於「腎氣虛損，筋骨失養」。此外跌傷、閃到腰或體內寒濕，都會導致經脈困阻，氣血運行不暢，造成腰痛。

清代王宗岳的《太極拳譜》中，曾提到「命意源頭在腰隙」的觀點，指的是「意念」所及的每一個動作都是從腰隙開始的。因此，練習太極拳非常重視腰胯的靈活，這有助於腰部肌肉的強化與減輕腰椎的負荷，可有效改善腰痠、腰痛等問題。

在太極拳之中，有許多側重腰部的動作，透過鬆腰活胯的動作，鍛鍊腰部的內勁。而且隨著練習程度的入門到純熟，也會提升腰部及腹部肌群的韌性和力量，減少了腰椎關節及椎間盤的壓力。因此，這也是太極拳被越來越多人作為復健或康復的輔助手段之故。

鬆肩畫圓，腰鬆全身鬆

「鬆肩畫圓」是從太極拳的「鬆身」功法所演繹而來的。可以放鬆肩背與腰胯緊繃的肌肉，甚至深層的肌肉，如腰大肌、豎脊肌、多裂肌等，都可以得到舒緩。

個人在授課過程中，也常遇到一些有腰痛問題的學員，通常只要練習本招式10分鐘後，腰痛情況就會減緩。腰鬆全身鬆，在此推薦給大家作為日常保健腰部使用。

改善腰痛
鬆肩畫圓

隨看隨練

YouTube

功效 ▶
· 舒展肩背緊繃肌肉，增加身體柔軟度
· 鬆開腰部深層肌肉，舒緩腰痠和腰痛

POINT

雙腳重心落於湧泉穴

湧泉穴

1 | 兩手交疊於丹田，雙腿併步站立，全身放鬆，調勻呼吸。

2 | 兩腳打開與肩同寬，雙腳平行，重心落於兩腳湧泉穴，雙手下垂，自然貼於大腿外側。

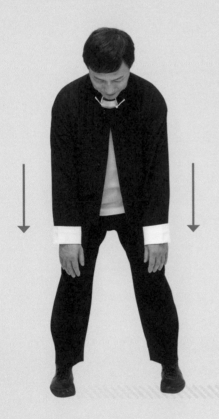

3 │ 雙手放鬆，隨著身體前彎。

4 │ 雙手垂於體前，掌心相對。
　　後腿打直，臀部後推。

Tip

由兩肩帶動背肌、腰肌，
再帶動到骨盆的肌肉。藉
著擺動的頻率，讓深層的
肌群放鬆。

5 以左肩向前擺動，帶動兩手手臂順時
針畫圓。

6 換邊，以右肩向前擺動，帶動兩手手
臂逆時針畫圓。接著，左右兩肩交替
擺動 100 下。

7 | 兩肩擺動100下後，
雙腳下蹲，雙手手背
相合。

8 | 眼睛看著肚臍，
緩緩舒腰站起。

9 | 同時，雙手由胸前伸起。

循環練習
STEP 3～10
10分鐘

10 | 雙手向上、向外打開，敞開胸懷，頭部略微後仰。重複練習 Step 3～10，10 分鐘。

11 | 練習 10 分鐘後，雙手放下，身體回正。

每日練習
10分鐘

12 | 雙手向外打開，向上收攏。

13 | 最後，雙手收回，交疊於丹田，完成此式。

Tai Chi Chuan

太極拳解惑 Q&A

Q1 太極拳是老年人練的運動？

A 太極拳可剛可柔，不僅能整合身心，還可協調全身肌肉、骨骼組織，與促進循環、神經系統，特別適合運動量不足和工作壓力大的現代人、上班族。即使有跑步或是其他運動習慣的人，也很適合，因為太極拳是全身性的運動，可鍛鍊到不同部位的肌肉。

對於老年人而言，練太極拳，特別可訓練下肢的肌力、平衡感，預防跌倒；並能提升整體精氣神、改善健忘，讓整個人反應更靈活。因此，太極拳其實是最佳的強身健體、延年益壽的全民運動。

Q2 練太極拳的效果，與其他運動有何不同？

A 一般常見的運動如跑步、游泳、騎腳踏車、重訓等，較注重訓練肌耐力、心肺功能與柔軟度，增進外在體適能的表現。但太極拳並非針對單一功能去訓練，而是深入體內，通經絡、養氣血，是一種整合身心的運動。

此外，由於太極拳的將動作緩慢，等於精細的拆解了運動的軌跡，更需要高度集中力，專心於一舉一動，因此可深度刺激大腦皮質層，讓大腦就像重開機一般，為我們重整、協調全面的身心。所以，太極拳不僅是一種運動，當身體機能衰退或受損時，更是最好的輔助療法。

Q3 建議何時練太極拳最合適？

A 一般傳統建議的練功時間，在卯時（5：00 ～ 7：00）與酉時（17：00 ～ 19：00）。因為這兩個時間恰好是「陰陽各半」的時辰，所以在這些時段練習，調和身體陰陽能量的功效可事半功倍，有效提升身體的機能，達到身心的健康與愉悅。

如果無法配合以上時段，只需配合自己有空的時間練習即可。但要特別注意，應盡量避免在睡前 2 個小時內練習，以免影響身體的血糖平衡或其他的機能，更難以入眠。此外，每次至少要練習 10 分鐘以上，以不超過 2 小時為限，方可收得成效又不致過於疲累。

Q4 我常分心、有雜念，該如何靜下來練太極拳？

A 大部分初學者剛入門時，因為還無法享受練習太極拳的樂趣，通常會容易分心或是產生雜念，而影響自己的學習效果與信心。這時，可以用「自我檢查」的方式，拉回專注力。

「自我檢查」就是將當下動作的姿勢，從頭到腳的檢查一次。例如：是否有做到立身中正、沉肩墜肘、收尾閭，重心是否落於腳掌等，如此一一確認，便難分心。待動作熟悉後，可「以一念代萬念」，例如：專注於意守丹田，或是讓呼吸配合任督二脈，進行周天（讓氣循行全身）的練習，這些方式都可讓思緒紛雜的自己，專注練習，促進成效的同時，也精進專注力。

Q5 太極拳是否經過科學驗證？

A 長年來，多數國人一直將太極拳當成一種適合老年人的休閒運動而已，但近 20 年來，歐美早已把太極拳當作一個嚴肅的醫學研究來看待。在國際期刊中，曾刊出與太極拳相關的醫學論文就高達 400 至 500 篇。其中證實的功效包括：預防跌倒、調節免疫功能、增加血氧量、舒緩疼痛與焦慮。甚至，德國有些醫院已將太極拳納入醫保，義大利也有幾所大學開設太極醫學的課程……等，這些國際性的科學與醫學研究與報導都證實了練太極拳對健康的益處。

Q6 太極拳是一種宗教信仰嗎，會不會走火入魔？

A 太極拳是呼應「太極」的哲理、文化與宇宙觀的一種武術或養生功法，並非宗教信仰。若以健康的心態練習與應證太極拳，就不會步上旁門左道之列。或許曾聽聞少數人或團體，聲稱練了太極拳之後，產生一些異於常人的神效，或能「隔空打人」。但這可能是侷限在同一團體內，受到潛意識的催眠效果。從現代科學的角度來看，太極拳就是一種中等強度的身心有氧運動。

Q7 練多久，才可感受到成效？

A 一般而言，只要專注練習 10 分鐘，就能感受到提振精神，讓全身達到深度的放鬆。如果身體有長期的毛病，至少需要 12 週、每週 2 次、每次 1 小時以上的練習，身體不適的問題大多可以改善。但實際效果仍須視各人身體狀況、練習時間、頻率而定。

國家圖書館出版品預行編目資料

養心太極癒百病：養氣、鬆體、靜心、醒腦，每天
10分鐘實用太極，回到身心合一的自己 / 李章智著 .
-- 臺北市：三采文化，2019.01
面；　公分 . --（名人養生館；27）

ISBN 978-957-658-098-7(平裝)
1. 太極拳
528.972　　　　　　　　　　　107021078

**suncolor
三采文化集團**

名人養生館 027

養心太極癒百病

養氣、鬆體、靜心、醒腦，每天 10 分鐘實用太極，回到身心合一的自己

作者｜李章智
副總編輯｜鄭微宣　　責任編輯｜劉汝雯
美術主編｜藍秀婷　　封面設計｜鄭婷之　　美術編輯｜何仙玲
攝影｜林子茗　　影像製作｜星宇運動創意事業有限公司

發行人｜張輝明　　總編輯｜曾雅青　　發行所｜三采文化股份有限公司
地址｜台北市內湖區瑞光路 513 巷 33 號 8 樓
傳訊｜ TEL:8797-1234　FAX:8797-1688　　網址｜ www.suncolor.com.tw
郵政劃撥｜帳號：14319060　戶名：三采文化股份有限公司
本版發行｜ 2019 年 1 月 4 日　　定價｜ NT$380